현장에서 활용하는 수출입 흐름도

수출 FULL PROCESS

▶ 해외 시장조사에서 계약 체결까지

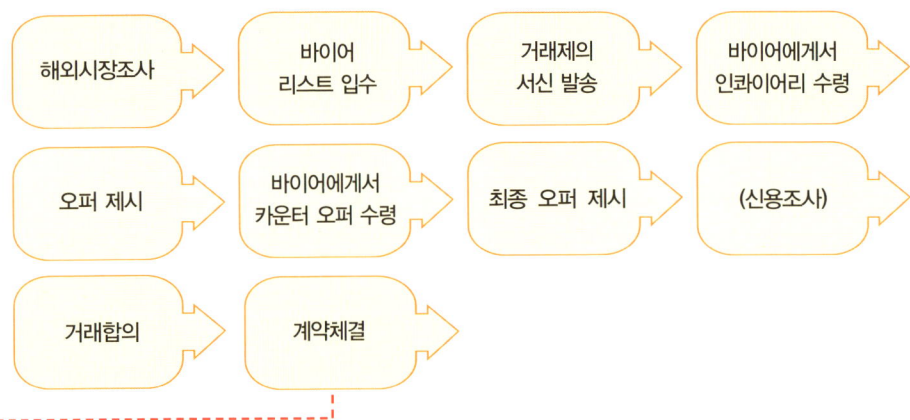

▶ 신용장 수령에서 수출대금 수령까지

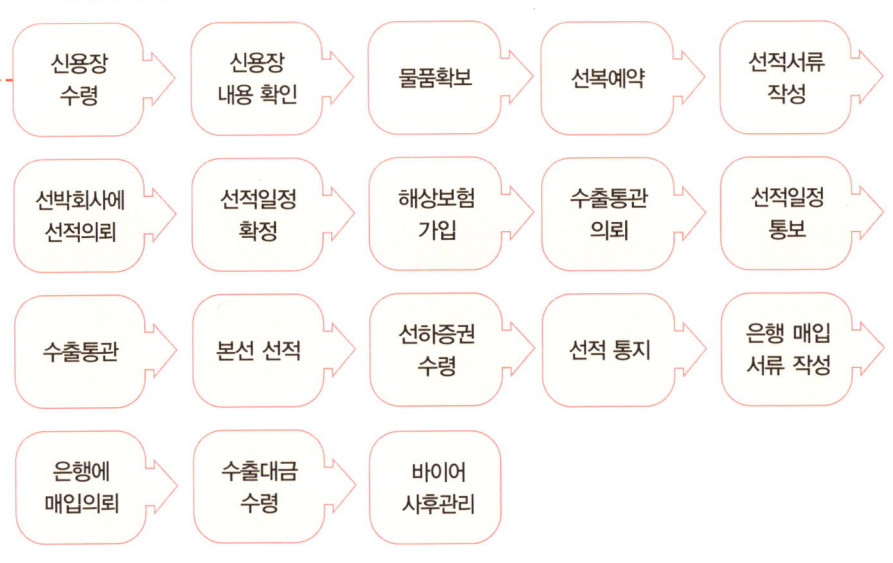

※ 아래의 수출입 프로세스는 신용장 거래에 따른 무역의 기본적인 절차이며, 실제 수출·수입을 이행하는 과정에서는 일부 과정이 생략 또는 동시에 진행될 수도 있고, 상품의 성격에 따라 복잡하게 진행되는 경우도 있으므로 실무를 진행하다가 막히는 경우에는 전문가에게 자문을 구하는 것이 좋다.

그림으로 쉽게 배우는
무역실무

ZUKAI DE NYUMON! YOKU WAKARU BOEKI NO JITSUMU
By Masaharu Kimura
Copyright ⓒ 2004 by Masaharu Kimura
All rights reserved

Originally Japanese edition published by PHP Institute, Inc.
Korean translation rights arranged through with PHP Institute, Inc.
through Japan Foreign-Rights Centre / Bookcosmos

이 책의 한국어판 저작권은 북코스모스와 JFC를 통한
저작권자와의 독점계약으로 중앙경제평론사에 있습니다. 신저작권법에 의해
한국 내에서 보호를 받는 저작물이므로 무단전재와 복제를 금합니다.

그림으로 쉽게 배우는

무역실무
기본&상식

기무라 마사하루 지음
권영구 편역

The Easy Guide to the Trading Business

중앙경제평론사

책머리에

　여러 해에 걸쳐 무역실무 강습회나 연수회에서 강의를 해왔는데 수강생들에게 자주 받는 질문이 있다. 그것은 "어떻게 하면 무역실무를 간단하게 익힐 수 있습니까?"라는 것이었다.

　그럴 때마다 나는 "그러려면 먼저 흐름을 이해해야 합니다. 흐름을 이해함으로써 실제의 수출입 업무를 파악할 수 있습니다"라고 말한다. 무역실무의 공략 포인트는 '흐름의 이해'라고 말할 수 있다.

　이 책은 이러한 '흐름'에 가장 역점을 두고 작성했다. 이 책의 특징은 '무역의 흐름'을 이해하기 쉽게 표현한 것이다. 특히 2장은 수출의 흐름, 수입의 흐름을 상세하게 설명하는 데 지면을 대폭 할애하였다.

　물론 흐름만으로 무역실무를 익힌다는 것은 무리가 있다. 흐름 이외에 '서류'와 '용어'도 있다. 흐름을 이해함으로써 무역 관련 서류의 내용이나 역할을 파악할 수 있다. 더욱이 실제 서류가 어떻게 작성되는지도 확인할 수 있다. 또한 이 책은 무역실무를 배우는 데 요구되는 요소를 필요한 순서대로 설명한 획기적인 시도라고 할 수 있다.

　불황이 오랜 기간 이어지고 있는 가운데 '정말로 일을 할 수 있는 사람, 능력 있는 사람'이 요구되고 있다. 이 책은 무역 비즈니스, 국제 비즈니스에 흥미를 가진 분, 지금부터 무역실무자가 되려는 분에게 정말로 도움이 되는 교재가 되리라고 확신한다.

 또한 실제로 무역업무를 하고 있는 무역실무자에게도 지금까지의 지식을 점검하고 확인해보는 기회가 될 수 있을 것이다.

 이 책이 무역실무를 사랑하는 모든 사람들에게 도움이 되기를 바라는 바이다.

기무라 마사하루

편역자의 말

　실제로 오랜 기간 동안 무역현장에서 익히고 쌓은 무역에 대한 지식과 경험을 바탕으로 한국무역협회 등에서 무역실무에 관한 강의를 한 지도 여러 해가 지났다. 무역을 처음 시작해보려는 사람들을 상대로 강의를 하다 보면 수강생들로부터 무역에 관한 책을 추천해달라는 말을 많이 듣는다. 그럴 때마다 무역실무에 대해 알기 쉽게 설명해 놓은 책의 필요성을 느끼곤 했다.

　또한 주위에서 무역 비즈니스에 도움이 되는 책을 써보라는 권유도 많이 받아 망설이고 있던 중 뜻하지 않게 일본에서 출간된 무역실무에 관한 책의 번역을 의뢰받았다. 원서는 일본의 무역환경을 바탕으로 하고 있다. 무역실무는 어느 나라에서나 기본적인 것은 거의 같다고 할 수 있으나 무역환경은 나라에 따라 차이가 있게 마련이다. 일본과 우리나라의 무역환경 역시 유사한 면도 많이 있으나 어떤 부분에서는 차이가 있다.

　따라서 처음에는 완전히 우리의 무역환경에 맞추어서 편역(編譯)을 하려고 했으나, 대일본 무역에 관심을 갖는 분(기업)들이 증가하는 추세를 감안하고 일본 비즈니스를 하는 분들을 위해 최대한 원서의 내용을 충실히 옮기려 하였다. 그리고 우리나라의 경우와 차이가 있는 부분에 대해서는 바로 아래에 '한국의 경우'로 표시하여 우리나라의 상황을 설명해둠으로써 독자 여러분의 이해를 돕고자 했다. 또한 부족한 부분은 '보충설명'을 첨가해 보완했다.

원서에서는 독자의 이해를 돕는다는 취지에서 도해(圖解)를 왼쪽 페이지에 배치하고 있으나, 이 책에서는 편역한 내용의 분량을 고려하여 원서와는 달리 도해를 적절하게 배치하여 독자들이 이해하는 데 어려움이 없도록 하였다. 따라서 이 책을 읽을 때는 반드시 도해를 참고하여 각 설명문의 내용을 이미지로서도 파악했으면 한다.

이 책은 무역을 전공한 대학생이나 무역(업)을 시작하려는 분, 무역 실무자가 되고자 하는 분들 모두에게 무역의 전체 맥락을 한눈에 파악할 수 있게 해준다는 점에서 큰 의의가 있다. 특히 알기 쉽고 독특하게 구성된 '수출입의 흐름' 부분과 2011년 1월 정식 발효된 '인코텀즈 2010'의 핵심사항 정리 부분은 이 책을 읽는 독자들에게 큰 만족감을 안겨줄 것으로 기대된다.

원서 자체가 독특하고 알기 쉽게 써 있어 편역하는 데 큰 어려움이 없었으므로 내용이 잘못 전달되는 등 오해의 소지는 없을 것이라 믿는다. 아무쪼록 이 책이 무역실무자가 되고자 하는 분들, 그리고 무역 비즈니스를 하려는 모든 분들께 도움이 되기를 바라며, 이 책이 나오기까지 수고해주신 중앙경제평론사 사장님을 비롯한 모든 분들께 감사드린다.

권영구

CONTENTS

- 책머리에 · 4
- 편역자의 말 · 6

 인터넷과 무역실무

무역실무의 새로운 시대 · 16
무역실무와 인터넷의 이용 · 19
무역실무의 큰 무기는 인터넷 · 22
JETRO 홈페이지의 효과적인 이용 · 25
MIPRO 홈페이지의 효과적인 이용 · 29
상공회의소 홈페이지의 효과적인 이용 · 34
세관 홈페이지의 효과적인 이용 · 38
무역실무를 지원하는 기관을 활용 · 42
무역실무 툴(Tool)의 변천 · 45

▶ 선적·하역에 관한 전문용어 ① · 47

 **2장 수출입의 흐름**

수출입의 흐름을 이해하자 · 50
무역거래에 사용되는 중요한 서류 일람 · 53
수출의 전체 구도 · 56
수입의 전체 구도 · 59
수출업무의 흐름 · 62
수입업무의 흐름 · 70
교섭에서 계약성립까지의 흐름 · 81
신용장 당사자의 관계 · 84
신용장 거래의 통관, 선적서류의 흐름 · 87
수출통관의 흐름 · 90
매입서류의 흐름 · 94
선하증권을 정정할 경우의 흐름 · 97
불일치를 발견했을 때의 대처법 · 100
수입준비 · 103
수입통관에 필요한 서류 · 106
수입통관의 흐름 · 109
화물인도지시서(D/O)의 교환방법 · 112
B/L이 도착하지 않았을 때 서류의 흐름 · 115

수입자에게 도착하는 서류의 흐름 · 118
FCL Cargo의 흐름 · 120
LCL Cargo의 흐름 · 123
수출화물의 흐름 · 126
수입화물의 흐름 · 129

▶ 선적·하역에 관한 전문용어 ② · 132

3장 수출입 서류

서류를 이해하자 · 134
신용장을 읽을 때 · 137
신용장(Letter of Credit) · 140
신용장의 번역과 설명 · 143
인보이스(Invoice) · 153
포장명세서(Packing List) · 156
선하증권(Bill of Lading) · 159
선적통지(Shipping Advice) · 162
환어음(Bill of Exchange) · 165
신용장에 따른 서류 · 167

화물도착안내(Arrival Notice) · 175
서류의 해설 · 178
신용장 거래의 구체적인 흐름을 확인 · 182

▶ 본선의 승무원에 관한 용어 · 191

 ## 4장 수출입의 포인트

거래상대를 발굴하는 방법 · 194
신용조사 · 197
신용장의 체크포인트 · 201
품질조건 · 204
오퍼(Offer)에 관해서 · 206
선복(船腹)예약에 관해서 · 208
해상운임 · 210
선하증권의 종류 · 213
선하증권을 수령할 때의 포인트 · 215
수출통관의 포인트 · 217
해상운송의 형태 · 220
결제의 종류 · 223

인코텀즈 2000 (INCOTERMS 2000) · 226
인코텀즈 2010 (INCOTERMS 2010) · 231
웨이빌 (Waybill)에 관해서 · 239
세관업무에 관심을 갖자 · 242
보세지역 · 245
컨테이너 · 252
해상보험 · 255
수입을 기획할 때의 포인트 · 258
수입신용장 개설준비 · 260
수입규제 · 262
실행관세율표 · 267
관세 · 270
클레임(Claim) · 276
NACCS · 281
항공화물 운송 · 290
도착지 코드 · 292
항공운임과 항공화물 대리점 · 294
항공화물운송장 · 297
국제복합운송 · 299
국제복합운송의 실례 · 302

▶ 배에 관한 용어 · 222 ▶ 보세에 관한 용어 · 251 ▶ 세관검사에 관한 용어 · 251 ▶ 컨테이너에 관한 용어 · 254 ▶ 본선에 관한 용어 · 254 ▶ 해상보험에 관한 용어 · 257 ▶ 통관에 관한 용어 · 269 ▶ 관세에 관한 용어 · 275

5장 무역실무자의 능력개발

무역에 관한 자격시험 · 306
자격시험의 종류 · 308
취득계획을 세우자 · 311
자격을 활용하자 · 313
무역 스페셜리스트에게 필요한 능력 · 315
서류작성 능력 · 318
무역실무의 포인트 · 321
무역실무 능력 · 기술을 활용할 수 있는 직장 · 324

부록 핵심 무역용어

핵심 무역용어 영문표기 · 328

1장
인터넷과 무역실무

무역실무의 새로운 시대

무역실무의 새로운 시대가 도래했다. 새로운 무역실무의 특성을 이해하자.

　무역실무자에게 새로운 시대가 도래했다. 컴퓨터의 보급에 따라 옛날부터 내려오는 무역실무를 대신하고, 새로운 툴(tool)을 활용하는 무역실무의 새로운 시대가 드디어 오게 된 것이다. 컴퓨터를 최대한 활용함으로써 그날그날의 업무가 대폭 개선되었다.
　무역실무라 일컬어지는 업무도 변화하고 있다. 이메일(e-mail)이나 홈페이지의 활용으로 무역실무의 가능성을 대폭 넓히고 신속하게 업무를 처리할 수 있게 되었다.

　① 컴퓨터 특히 이메일의 이용에 따라 상대방과 시간의 공유화

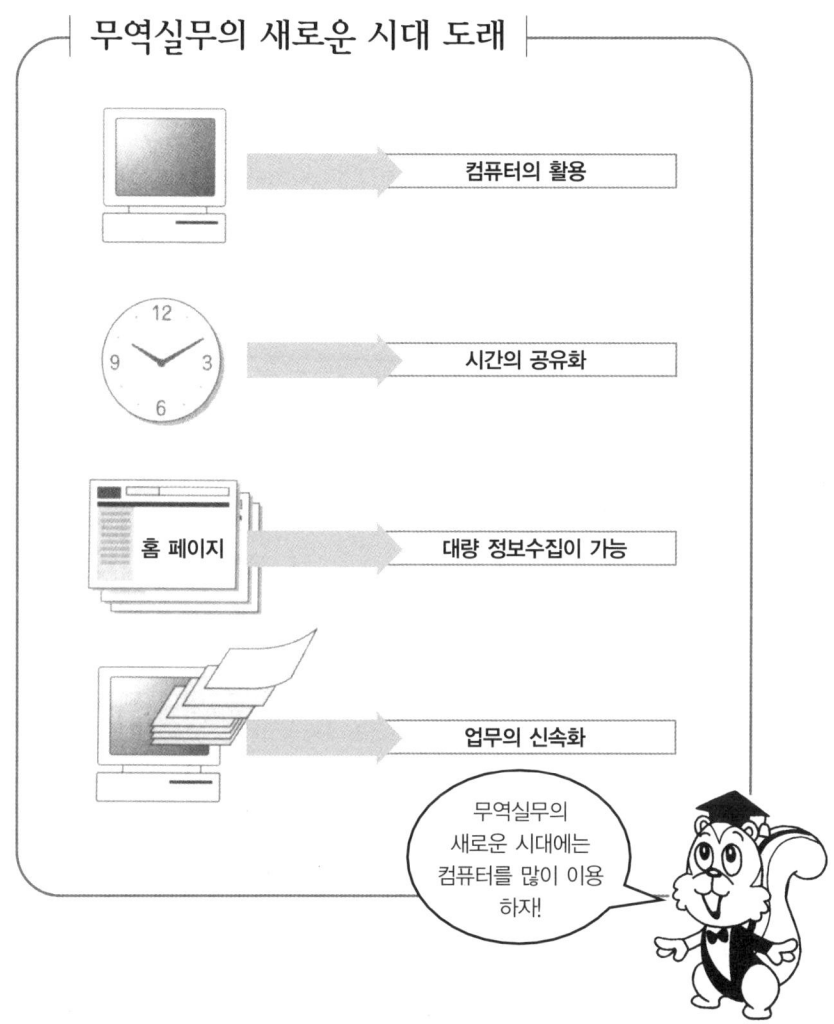

가 가능해졌으며, 교섭상대도 훨씬 더 확대되었다.
② 정보수집 면에서도 큰 장점을 가질 수 있게 되었다. 홈페이지나 검색기능을 활용해 무역거래, 무역실무에 관한 정보수집

이 훨씬 쉬워졌다.

③ 업무의 신속화, 동시 처리화가 진척되어 무역실무의 속도가 점점 가속화되고 있다.

앞으로 무역실무자는 이러한 이점을 최대한으로 활용하여 업무를 처리하는 것이 대단히 중요하다고 할 수 있다.

무역실무와 인터넷의 이용

> 무역실무자는 인터넷을 이용함으로써 큰 이점을 얻을 수 있다.

인터넷의 보급은 무역실무자에게 큰 이점을 주고 있다. 무역실무자는 인터넷을 이용함으로써 다음과 같은 다양한 혜택을 받을 수 있다.

① 정보의 검색과 수집을 용이하게 할 수 있다.
- 전 세계 기업에 관한 정보를 아주 짧은 시간에 구할 수 있게 되었다. 특히 취급품목에 관한 검색에 큰 역할을 하고 있다.
- 해외 상공회의소나 국내의 상공회의소, 제트로(JETRO), 미프로(MIPRO), 세관 등에 엑세스하면 원하는 기업의 정보를

| 무역실무와 인터넷의 이용 |

정보수집을 간단하고 민첩하게 할 수 있다.
▸ 정보수집에 소요되는 시간을 효과적으로 이용할 수 있다.

이메일의 이용으로 교섭을 단시간에 끝낼 수 있다.
▸ 기존에 편지나 팩스를 이용하던 교섭이 이메일을 이용함에 따라 서로의 시간을 절약할 수 있다.

수출입 거래절차를 인터넷상에서도 할 수 있다.
▸ 정부기관이나 관공서에 가서 하던 수속을 사무실에서 손쉽게 할 수 있다.

인터넷을 충분히 활용하자.

쉽게 구할 수 있다.

- 수출입에 관한 최신 규제나 법률에 관해서도 간단하게 조사할 수 있다.

② 이메일의 이용에 따라 교섭을 용이하게, 그리고 단시간에

할 수 있다.

이메일의 보급은 교섭업무에 큰 변화를 가져왔다. 지금까지는 팩스나 국제우편을 이용해야 했던 다양한 교섭에 관한 업무, 예를 들면 견적, 상품소개, 계약내용의 확인, 상품에 대한 문의, 재고확인, 가격인상, 가격할인 교섭 등을 이메일을 통해 더 신속하게 할 수 있게 되었다.

③ 인터넷상에서 수출입 거래에 필요한 수속을 할 수 있다.

사전교시제도나 수입품 소개제도를 이용할 수 있게 되는 등 매우 편리해졌다.

무역실무의 큰 무기는 인터넷

> 무역거래, 무역실무와 관계가 깊은 기관이나 단체의 URL을 확인하자.
> 홈페이지를 열면 필요한 정보를 구할 수 있다.

　인터넷은 무역거래, 무역실무를 하는 데 많은 도움이 되는 무기가 되었다. 인터넷을 이용함으로써 무역거래, 무역실무에 필요한 정보를 좀더 쉽게 손에 넣을 수 있다. 인터넷을 효과적으로 활용하여 무역실무를 신속하게 처리해보자.

　인터넷을 활용하는 이점에 관해서는 앞에서도 설명했지만, 구체적으로 어떠한 것에 이용할 수 있을까? 인터넷은 실제로 도움이 되는 정보를 발신하고 있다.

　무역거래와 관계가 깊은 단체의 URL을 게재하였다. 홈페이지만 열어보면 필요한 정보를 얼마든지 구할 수 있다.

무역실무의 큰 무기는 인터넷

 필요한 정보를 구하기 위해서 여러 곳에 전화를 하든가 제반 수속을 위해 관공서 등에 가던 시간도 대폭 단축할 수 있다. 또한 편지나 팩스, 전화를 대신하여 이메일을 이용하면 외국과의 교섭

도 단시간에, 그리고 저렴한 비용으로 처리할 수 있다.

  수출입 상품에 관한 정보도 인터넷을 이용해서 손쉽게 구할 수 있다. 무역실무 면에서 특히 수속의 전자화도 진행되고 있으므로 무역실무자에게 든든한 무기가 되고 있다.

> **편역자 주**
>
> 다음 페이지에서 '홈페이지의 효과적인 이용'에 관해 설명하면서 JETRO, MIPRO, 일본상공회의소, 그리고 일본 세관의 홈페이지를 소개하고 있다. 그런데 홈페이지의 구성 및 내용은 해당 기관의 사정에 따라 언제든지 변경된다.
>
> 따라서 이 책에서 소개하는 기관의 홈페이지 구성 및 내용의 일부는 독자 여러분이 이 책을 읽은 후 이 기관의 홈페이지를 방문했을 때와 다를 수 있음을 이해하기 바란다. 그러나 홈페이지 주소 및 해당 기관의 업무는 그대로이므로 홈페이지의 구성 및 내용에 일부 변경이 있을지라도 일본 비즈니스를 하려는 분들은 적극 활용하면 많은 도움이 되리라 생각한다.

JETRO 홈페이지의 효과적인 이용

> JETRO 홈페이지에는 정보가 풍부하다.

　무역, 수출입에 관한 정보는 JETRO(일본무역진흥기구)가 가장 많이 보유하고 있다. 그 이유는 전 세계에 뻗어 있는 JETRO의 거대한 네트워크에 따른 정보수집 능력을 들 수 있다. JETRO의 사무소는 세계 58개 국에 80개 소, 일본 내에 39개 소가 있으며, 각 지역에서는 무역확대를 위한 현지 기업의 정보수집이나 수출입 상품의 발굴을 위한 조사를 하고 있다.

　이러한 네트워크를 통해 얻은 정보는 JETRO에 모아지고, 무역이나 투자에 관련된 일을 하는 사람들을 위해 정보를 제공하고 있다.

JETRO 홈페이지를 이용하자

JETRO
http://www.jetro.go.jp/top-j/index.html

이러한 방대한 정보를 적극적으로 이용하려는 자세를 가지자.

예를 들면 해외에서 발굴한 상품이나 해외의 수출입자를 초대하여 전시회나 견본시(見本市, 상품 견본을 진열하여 선전·소개하는 행사) 등도 개최하고 있다. 그 밖에 JETRO 홈페이지에서는 수출입자가 활용할 수 있는 정보가 많이 게재되어 있다.

더구나 '해외의 기업과 거래하고 싶다(海外の企業と取引をしたい)'라는 항목을 열어보면 수입실무에 바로 도움이 될 수 있는 '상품별 수입편람(商品別輸入便覽)'을 네트워크상에서 검색할 수 있다. 또한 수출입 상품의 소개나 외국 기업의 신용조사 등도 검색할 수 있다.

물론 그 외에도 여러 가지 도움이 되는 정보를 구할 수 있는 회원 서비스 안내, 비즈니스 파트너를 발견하기 위한 새로운 시스템의 소개(TTPP), 일본 전국 21개 소에서 실시되고 있는 수입촉진지역(FAZ)에서의 수입 관련 비즈니스 정보, 견본시 주최자 리스트에 링크되어 있는 많은 정보를 얻을 수 있으며, 상당히 충실한 내용으로 되어 있다.

 한국의 경우

우리나라에도 이와 유사한 기관으로 KOTRA라는 곳이 있다. KOTRA는 우리나라의 무역진흥기관으로 해외진출 지원 분야에 특화된 기관이다. 홈페이지 주소는 www.kotra.or.kr이며, 다음과 같은 일을 하고 있다.

① 인터넷 포털 무역 사이트 운영 www.silkroad21.com

이 사이트는 정부기관과 KOTRA, 한국무역협회 등 무역 유관기관의 무역 관련 데이터베이스를 공유하는 무역포털 사이트이다. KOBO, EC21(한국무역협회), EC KOREA(한국무역정보통신), 지방자치단체, KOREAN MARKET PLACE(중소기업진흥공단) 등에서 보유한 무역정보와 업체정보를 표준화하여 해외 바이어가 여러 사이트를 찾아가지 않고 한 곳에서 검색이 가능하도록 되어 있다. 인터넷에 대한 이해와 기본 인프라가 부족한 중소기업들도 사이버를 통한 마케팅을 독자적으로 할 수 있는 기회의 장을 제공하고 있다.

② 정보제공 : 상품 및 바이어에 대한 정보제공
③ 해외 시장조사 대행
④ IT수출상담센터
⑤ 전시사업
⑥ 수출상담회
⑦ 시장개척단
⑧ 해외 세일즈 출장 지원
⑨ 지사화 사업

등을 들 수 있으며, KOTRA 홈페이지에 들어가면 구체적인 내용을 알 수 있다. 일본의 JETRO와 다른 점은 JETRO는 일본에 수출하려는 해외 회사들을 위한 지원제도가 잘 되어 있으나, KOTRA의 경우는 수출에 관련되는 지원책만 있다는 것이다.

일본에 수출하기를 원하는 우리나라 기업들이 KOTRA는 물론 JETRO도 효과적으로 활용하면 일본 시장 진출에 기대 이상의 성과를 거둘 수 있다.

MIPRO 홈페이지의 효과적인 이용

> 수입에 관한 정보는 미프로에 가장 많다.

　미프로(MIPRO, 재단법인 대일무역투자교류촉진협회)에서는 수입에 관한 다양한 정보를 적극적으로 제공하고 있다. 미프로의 홈페이지에서 특히 주목할 것은 수입 비즈니스에 관한 상세한 정보가 실려 있는 '소량 수입에 관해서(小口輸入について)' 항목이다.

　여기에는 소량 수입의 흐름, Q&A를 비롯하여 수입 비즈니스에 관한 정보가 집약되어 있다. 일반적인 의문에 대한 설명과 도움이 되는 기관의 홈페이지 주소도 링크되어 있으며, 수입자에게 바로 필요한 실질적인 정보도 게재되어 있다.

MIPRO 홈페이지를 이용하자

MIPRO
http://www.mipro.or.jp/top.html

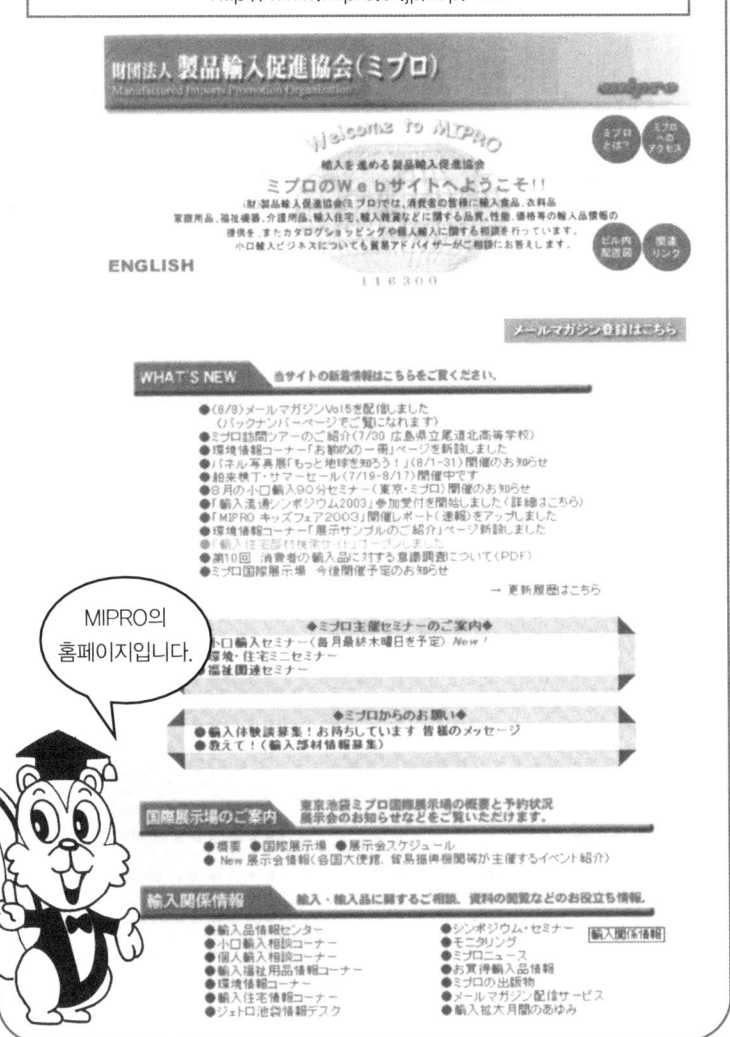

MIPRO의 홈페이지입니다.

'소량 수입에 관해서(小口輸入について)'의 항목을 클릭해보면, 수입자가 바라는 정보가 놀랄 정도로 자세히 나열되어 있고, 모두 상당히 도움이 되는 정보들이다. '소량 수입의 흐름(小口輸入の流れ)'에서는 수입의 절차 및 수속에 관한 의문에 대해 상세하게 해설하고 있다.

'구매정보(仕入れ情報)'에서는 해외 수출업자의 정보원 등에 관한 정보를 구하는 방법에 대해 설명하고 있다. 또한 소량 수입에 대응하는 해외의 회사들을 상품분야별로 정리하여 제공하고 있다.

"소량 수입 상담(小口輸入相談)' 코너에서는 소량 수입 및 무역·투자에 관해 무료로 전화 또는 면담으로 상담을 받을 수 있는 방법을 알려주고 있다.

이처럼 미프로의 홈페이지에는 일본 내의 수입자, 수입실무자들이 절실하게 필요로 하는 정보들이 게재되어 있으므로 수입자에게 큰 무기가 되고 있다.

한국의 경우

우리나라에는 미프로와 같은 기관은 없다. 일본에서는 수입도 정책적으로 지원하고 있으므로 일본에 진출하려는 우리나라 기업들은 JETRO와 더불어 효과적으로 활용하면 좋은 성과를 올릴 수 있을 것이다.

우리나라의 경우 미프로와는 성격이 다르지만 해외의 수출회사와 대리점 관계를 맺고 있는 무역대리점들이 회원으로 가입하고 있는 '한국수입업협회'가 있다. 이 협회는 수출입의 건전한 발전을 촉진하고 거래질서를 유지하며 회원의 권익과 복리의 보호증진을 도모하여 국가경제 발전과 회원의 경제적·사회적 지위향상에 기여함을 목적으로 설립되었으며, 하는 일은 다음과 같다.

① **CEO(최고경영자) 지식경제 정보제공**
- CEO를 위한 포럼 개최, 다양한 지식정보의 지속적인 제공
- CEO 하계 세미나 개최

② **해외 우량 거래선 및 품목발굴 서비스**
- 월 3회 이상 주한 외국 대사관과 회원사 간 수출입 상담회 개최
- 연 5회 해외 통상사절단 파견
- 품목별 해외 전시회 참관

③ **수입품 전시회 개최**
- 수입 명품 및 뉴 브랜드, 차세대 제품 등 수입품 Fair 개최

④ **정보화 서비스**
- 회원사 무료 홈페이지 제작
- 회원사 전용의 이메일 무상 제공
- 인터넷 방송국 운영

⑤ **취업알선**
- 무료 인력뱅크 운영
- 무역, 영업, 관리, 비서직 등 다양한 인재 무료 알선
- 회원사의 구인광고 무상 게재 및 구직자 알선

⑥ **무역인재 양성**
- 무역실무 과정 등 각종 연수교육 실시
- 무역, 세무 등 각종 설명회 개최

⑦ **최신정보 제공**
- 전 회원사 월간지 배포

- 원자재 가격정보 제공
- 수입상품 A/S 정보 제공

⑧ 회원 지원 서비스
- 무역상담실 운영, 대정부 건의
- 다이어리 제작 및 제공
- 항공, 환전, 호텔, 특송 등 다양한 분야의 협력업체 우대 서비스 제공

⑨ 회원 친목 및 정보교류의 장
- 품목별 분과위원회 운영
- 각종 친선모임 운영

이 협회의 홈페이지는 www.koima.or.kr 이다.

상공회의소 홈페이지의 효과적인 이용

> 기업에 관한 정보는 상공회의소의 홈페이지로 검색할 수 있다.

　상공회의소 홈페이지에서도 다양한 정보를 제공하고 있다. 홈페이지를 검색해보면 수출입 거래를 시작하는 사람이나 무역실무자에게 도움이 되는 정보를 많이 수록하고 있음을 알 수 있다.
　예를 들면 신규개업 세미나 개최, 인터넷을 이용한 비즈니스 파트너를 찾고 있는 사업자를 위하여 '상공회의소 거래 소개정보' 등을 들 수 있다. 거래 소개정보에서는 검색하기 쉽도록 거래내용별, 제품별, 서비스별, 업종별, 지역별 등으로 나누어져 있어 검색하기가 편리하다.
　거래내용으로 선택한 경우 상품을 팔고 싶은 사람은 상품(기

술이나 서비스) 소개나 제공에 관한 정보를 검색할 수 있다. 또한 사고 싶은 사람은 상품(기술이나 서비스) 수납, 니즈에 관한 정보를 검색할 수 있다. 거래처를 모집하는 사람은 판매처·대리점 · 파트너 모집에 관한 정보를 검색할 수 있는 구조로 되어 있다.

상공회의소는 가까운 도시에 사무실을 두고 있다. 인터넷을 이용하는 것은 물론이고, 직접 방문하여 정보를 수집하는 것도 가능하다. 무역실무자에게는 상공회의소의 홈페이지가 많은 도움이 될 것이다.

>>> **상공회의소 관련 한국의 경우**

대한상공회의소의 홈페이지(www.korcham.net)에서도 다양한 정보를 제공하고 있으며 기업의 해외비즈니스를 지원하고 있다. 특히 대한상공회의소의 홈페이지에 들어가서 왼편에 있는 메뉴 중 '상의네트워크'를 클릭하면, 「주한외국상공회」「외국상공회의소」「국제상업회의소(ICC)」 등의 홈페이지와 링크되어 있으므로 원하는 국가의 상공회의소 홈페이지를 방문하고자 할 때 이용하면 편리하다.

또한 무역거래도 알선하고 있으므로 해외비즈니스를 희망하는 기업은 상공회의소 홈페이지를 수시로 방문하여 정보를 활용하면 상당히 도움이 될 것이다. 홈페이지 왼편에 있는 메뉴에서 '코참비즈 기업정보', '국제통상정보' 그리고 '무역인증'을 클릭하면 다양한 정보를 입수할 수 있을 것이다.

'코참비즈'에는 기업정보, 상품거래(국내외 포함)정보를 비롯하여 방대하고 신뢰성 높은 비즈니스 정보를 One-stop으로 제공하고 있다. '코참비즈'의 이용에 관한 안내에 따르면 검색은 비회원도 할 수 있지만 상세정보는 회원만이 이용할 수 있으므로 회원에 가입하여 '코참비즈'에서 제공되는 서비스를 이용하면 많은 도움이 될 것이다.

'국제통상정보'에서는 통상정보 및 국가정보 등에 관한 정보를 제공하고 있으며, '무역인증'을 클릭하면 '무역인증서비스센터'가 나오고, 동 센터에서는 웹인증, 원산지증명을 비롯하여 각종 무역증명을 발급하고, 그 외에도 다음과 같은 서비스를 제공하고 있다.
- 주요 교역대상국의 원산지제도 안내
- 주한 대사관 안내
- 원산지관련 법령정보
- 수출입 절차 (수출절차, 수입절차, 무역계약의 주요약정조건)
- ATA까르네(Carnet)제도에 대한 안내

해외비즈니스를 희망하는 기업은 해외의 바이어를 찾는다던가 아니면 해외의 공급선을 찾을 경우에 대한상공회의소 홈페이지를 통하여 외국의 상공회의소에 직접 문의할 수 있는 등 효과적으로 활용하면 기대 이상의 성과를 올릴 수 있을 것이다.

세관 홈페이지의 효과적인 이용

> 사전교시제도 등 세관 홈페이지에서 다양한 수속을 위한
> 정보를 얻을 수 있다.

　세관 홈페이지도 무역실무자에게는 중요한 정보원이 된다. 많은 세관 중에서도 특히 정보가 집중되어 있는 것이 도쿄 세관의 홈페이지이다. 도쿄 세관의 홈페이지를 열어보면 무역실무자에게 도움이 되는 정보가 많다는 것을 알 수 있다. 특히 이용하고 싶은 것이 '세관상담' 코너이다.

　이용방법은 도쿄 세관 홈페이지의 탑(Top) 페이지를 열면 여러 항목 중에 '세관상담·문의처 CUSTOMS ANSWERS AND ADVICES(E-mail)'가 있으므로 그것을 클릭, '전자메일에 의한 상담·문의'를 열고, ① 성명 ② 주소 ③ 회사명 ④ 연락처 전화

세관 홈페이지를 이용하자

세관
http://www.mof.go.jp/customs

번호 ⑤ 메일 주소 ⑥ 상담·문의할 내용을 1,000자 이내로 입력만 하면 된다. 이때 성명, 주소, 회사명은 익명이라도 가능하다.

'Q&A'도 궁금한 사항에 대해 정중하게 설명되어 있다.

특히 '사전교시제도'는 이용가치가 크다. 사전교시제도란 수입하려고 하는 화물의 실행관세표에서의 소속 구분이나 관세율 등에 관해서 사전에 세관에 조회하여 회답을 받을 수 있는 제도이다.

세관 홈페이지는 누구나 쉽게 알 수 있도록 되어 있으므로, 무역실무자에게는 최적의 정보제공처라고 말할 수 있다.

>>> **세관관련 한국의 경우**

우리나라의 경우 먼저 관세행정을 총괄하는 관세청의 홈페이지(www.customs.go.kr)를 방문하여 보면 우리가 필요로 하는 통관과 관련된 다양한 정보를 입수할 수 있다.

우리나라에는 관세청 산하에 서울세관, 부산세관, 인천공항세관, 인천세관, 대구세관, 광주세관 등 6곳에 본부세관이 있으며, 또한 구로세관을 비롯하여 전국 47곳에 일선세관이 있으므로 관세청 홈페이지는 물론 각 본부세관 및 각 지역세관의 홈페이지를 활용하면 다양한 정보를 입수할 수 있다.

각 세관의 홈페이지는 관세청 홈페이지를 열면 '민원의 문', '국민의 문', '정책의 문', '소식의 문', '소개의 문' 그리고 '통관정보의 문'이 있다. 이 중 '소개의 문'에서 '조직 및 직원 안내'를 클릭한 후 다시 '세관조직 안내'를 클릭하면 '세관조직-기구도표'가 나오는데, 각 세관을 클릭하면 링크된다.

한 편 '민원의 문'을 클릭하면, '통관전자민원', '이사화물통관예약', '여행자반송물품예약' 등에 관한 안내를 비롯하여 '관세행정서비스'에 대해 안내를 하고 있다.

 수입통관, 수출통관 등과 같은 통관업무안내는 '통관정보의 문'을 클릭하면 안내를 받을 수 있다. '통관정보의 문'에서는 그 외에도 '개인용품통관', '수출입요건', '품목분류', '관세환급' 등의 다양한 메뉴가 있다. '개인용품'을 클릭하면 '여행자휴대품', '국제우편물', '해외이사화물', '전자상거래', '특급탁송물품' 등에 대한 통관절차를 알 수 있으며, 더불어 '간이통관절차'에 관해서도 정보를 얻을 수 있다.

 일본의 세관에 대한 내용을 그대로 소개하는 것은 일본에 수출하려는 기업들이 직접 일본 세관의 홈페이지를 방문하여 일본의 통관제도나 일본의 관세 등에 관해 알아보는 등 일본에 수출을 위한 사전 조사에 활용하였으면 하는 바람에서이다.

무역실무를 지원하는 기관을 활용

> 무역실무를 지원해주는 기관을 활용하자.

새로 무역실무 담당자가 된 사람이나 신입사원 여러분은 반드시 가까이에 있는 무역실무 지원기관을 활용하기 바란다. 공적기관 등에 상담을 하여 적절한 도움을 받으면 좋다. 우리 주위에는 무역실무를 지원해주는 곳이 많이 있다.

제트로(JETRO)의 상담코너를 이용한다

각 지역의 제트로에서는 무료로 무역거래, 무역실무에 관한 상담을 받을 수 있다. 제트로가 인정하는 무역 어드바이저로부터 적절한 도움을 받을 수 있다.

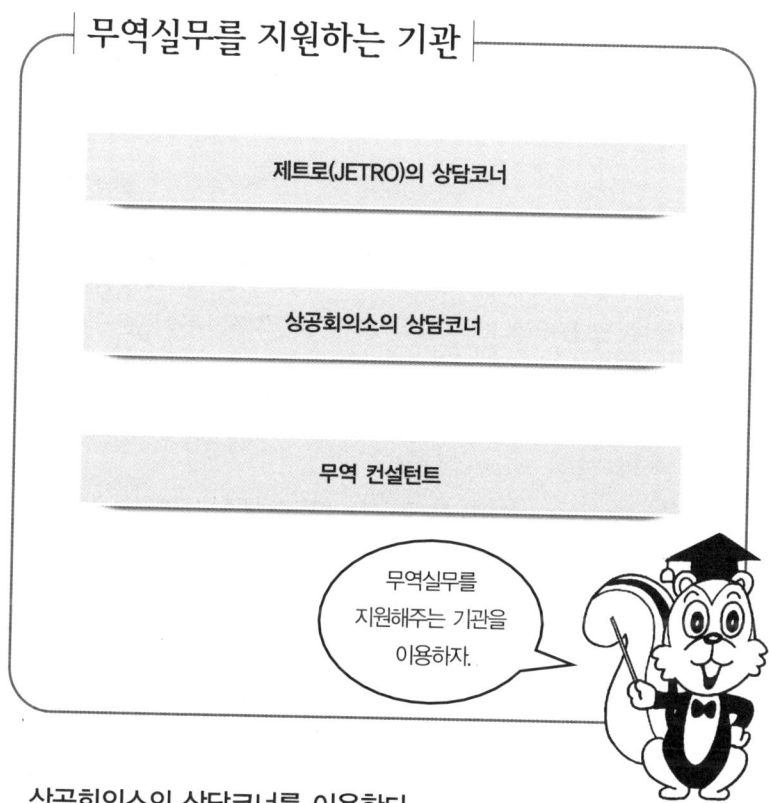

상공회의소의 상담코너를 이용한다

각 지역의 상공회의소에는 전문 상담원이 배치되어 있어 다양한 질문이나 상담에 응해준다.

무역 컨설턴트를 이용한다

장기간에 걸친 경험이나 지식을 살려서 무역 컨설턴트로 생계를 꾸려가는 사람들이 있다. 이들에게 전문적이고 구체적인 상담을 하는 것도 때로는 유효하다. 컨설턴트료는 유료이지만 귀중한 비즈니스 체험을 바탕으로 한 가치 있는 어드바이스를 얻을 수 있다.

한국의 경우

일본에 수출을 희망하는 기업은 위의 기관에 직접 상담을 하고 지원을 받을 수 있다. 우리나라의 경우 무역실무를 지원하는 기관은 다음과 같다.

① 한국무역협회 www.kita.net
무역에 관련된 다양한 정보를 제공하고 있으며 무역상담을 해주고 있다.
② KOTRA www.kotra.or.kr
③ 대한상공회의소 www.korcham.net
④ 중소기업청 중소기업 수출지원센터 www.exportcenter.go.kr
⑤ 중소기업진흥공단 수출지원센터 www.sbc.or.kr
⑥ 한국수입업협회 www.aftak.com
⑦ (재)한일산업 · 기술협력재단 www.kjc.or.kr
⑧ 관련 산업분야의 협회 또는 조합

무역실무 툴(Tool)의 변천

최신 무역실무의 툴은 퍼스널 컴퓨터(PC), 팩스, 휴대전화이다.

날로 진보하는 정보사회에서 무역실무에 사용하는 툴의 변천을 부정한다 해도 눈으로 보고서 알게 된다.

10여 년 전까지는 무역실무자에게 영문타자 기술은 필수였다. 더욱이 텔렉스를 이용하는 경우도 많고 영문타자와 텔렉스는 매일의 업무에 없어서는 안 될 필수 아이템이었다.

또한 교섭업무에서는 코레스(correspondence를 줄여서 쓴 말)라는 상업영어문을 쓴 레터(letter)가 항공우편으로 해외 거래선에 보내졌다. 지금 이러한 것들은 옛날의 유물이라 할 수 있다.

정보화가 진전됨에 따라 현재 무역실무의 필수 아이템은 무엇

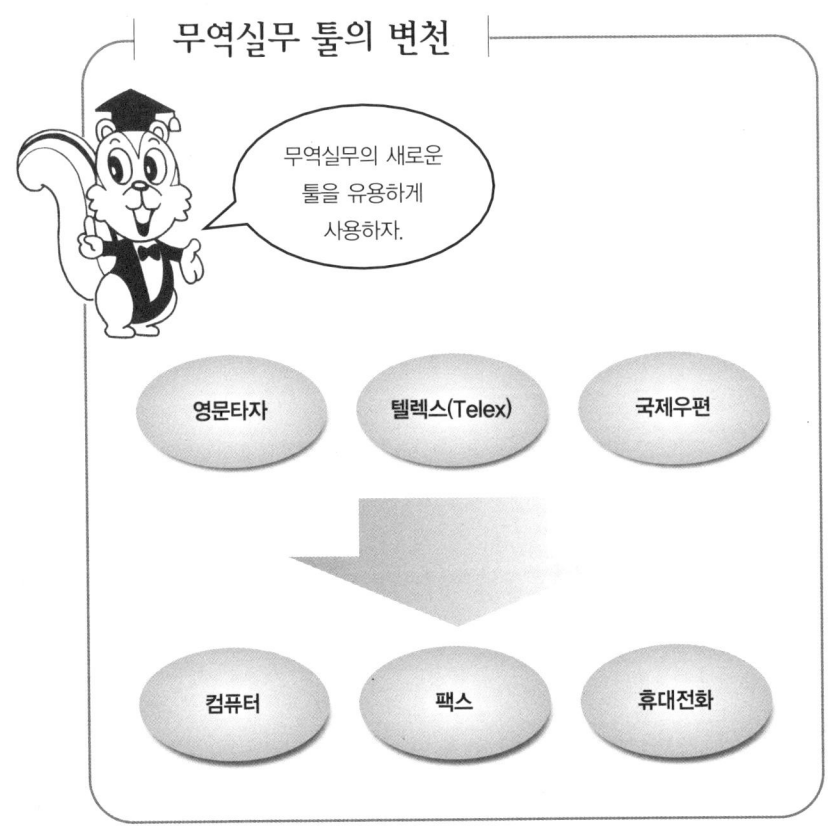

일까?

 그것은 퍼스널 컴퓨터(PC), 팩스, 휴대전화가 아닐까 한다. 특히 컴퓨터는 현재 비즈니스에서 없어서는 안 된다. 이메일로 대표되는 통신수단은 크게 변했으며, 무역실무자의 업무가 극적으로 변화하고 있다. 특히 스피드라는 점에서 컴퓨터는 막강한 무역의 툴이라고 할 수 있다.

선적 · 하역에 관한 전문용어 ①

FO(Free Out)
화물을 배에 실을 때의 하역은 선주가 부담하고 양륙항에서의 하역은 하주가 부담하는 운임조건.

FI(Free In)
화물을 배에 실을 때의 하역은 하주가 부담하고 양륙항에서의 하역은 선주가 부담하는 운임조건.

FIO(Free In And Out)
화물의 선적과 뱃짐을 부릴 때 관련되는 선내하역의 비용을 하주가 부담하는 조건. 석탄이나 철광석 등과 같은 벌크화물에 자주 이용된다.

Berth Term
화물을 실을 때의 하역비용과 양륙항에서 내릴 때의 하역비용을 선사가 부담하고 운임에 포함되는 조건.

Ballast
선박의 경사나 부력의 조정을 위해 본선에 같이 선적되는 물이나 모래.

Free Time
수입화물을 CY나 CFS로부터 화물을 인도할 때까지 보관료의 지불이 면제되는 기간.

편의치적선(便宜置籍船)
선적(船籍)의 수입(收入)에 관련되는 세금이 싸기 때문에 선주가 선적을 파나마, 리베리아 등에 등록한 선박.

Terminal Receiving System(TRS)
화주가 선주가 지정한 창고에 입고시키면 그 후의 책임과 비용을 선주가 부담하는 제도로, 이러한 서비스에 대해 징수하는 비용을 TRS Charge라고 한다.

Co-Load
화물을 혼재(混載)해서 컨테이너 1대 이상으로 모으기 위해 2개 회사 또는 그 이상의 업자가 협력해서 화물을 집하하는 것.

2장
수출입의 흐름

수출입의 흐름을 이해하자

> 수출입의 흐름을 이해함으로써 무역실무 능력이 향상된다.

무역실무를 이해하는 데 가장 중요한 것은 '흐름'을 이해하는 것이다. 무역실무 능력을 높이기 위해서는 '업무의 흐름', '서류의 흐름', '화물의 흐름', '돈의 흐름'을 확실하게 파악해야 한다.

업무의 흐름

수출업무, 수입업무 각각에 어떠한 일이 있는지, 수출입 업무의 '기승전결(起承轉結)'을 이해하자. 업무 당사자를 확인하고, 수출자·수입자가 어떤 회사나 기관과 관계를 맺고 있는지를 비롯하여 업무내용을 확실하게 확인하자.

흐름을 이해하고 프로 무역실무자가 되자

업무의 흐름
'수출', '수입' 각각의 업무내용과 관계 당사자를 이해하는 것이 중요하다.

서류의 흐름
서류의 작성자와 그 서류가 어떠한 경로로 유통되는지를 파악할 것. 서류의 의미나 역할을 이해하고 서류를 작성하는 것이 중요하다.

화물의 흐름
'수출하는 화물', '수입되는 화물'의 흐름을 확실하게 파악해야 한다.

돈의 흐름
돈의 흐름은 서류의 흐름과 밀접한 관계가 있다. 서류의 흐름과 더불어 이해할 것.

우선 흐름을 이해하자.

서류의 흐름

무역서류에는 어떠한 것이 있는지, 서류는 누가 작성하고 그 후에 어떻게 흐르는지, 또한 서류의 특징도 이해하자.

화물의 흐름

수출과 수입에서는 화물의 흐름이 반대가 된다. 화물이 어떻게 흐르는지 정확하게 이해하자. 현장에서 실제의 화물을 확인하는 것도 중요하다.

돈의 흐름

돈의 흐름을 이해하자. 대금을 지불하는 사람, 대금을 받는 사람, 돈의 흐름은 서류와 밀접한 관계가 있다.

이상의 사항을 기억하고 '흐름'을 정확하게 이해하고 파악할 수 있는 안목을 길러야 한다.

무역거래에 사용되는 중요한 서류 일람

무역거래와 관계회사, 관계기관

무역거래를 할 때 수출자나 수입자 이외에 관계되는 회사나 기관에 대해 이해하자. 무역거래의 흐름을 이해할 때 무역거래에 등장하는 회사나 관계기관에 대해서도 확실하게 파악해두자.

무역거래에 등장하는 회사, 관계기관 일람표

수송관계	은행	통관관계	조사관계	보험관계
선박회사	발행은행	세관	상공회의소	보험회사
항공회사	통지은행	통관업자(관세사)	제트로	
항공대리점	매입은행	해상화물 운송업자	미프로	
혼재업자	확인은행		대사관, 영사관	
선박대리점			상업흥신소	
운수회사				

수출자나 수입자는 위의 회사나 기관과 밀접한 관계를 가지면서 수출입 업무를 이행한다. 각각의 회사가 어떠한 업무를 담당하고 무역거래 과정에서 어떠한 역할을 하는지도 알아두자.

수출입 화물에 관한 기본적인 약어

FCL	Full Container Load	컨테이너 단위의 큰 화물
LCL	Less Than Container Load	컨테이너에 여러 소량의 화물을 혼적하는 것
CY	Container Yard	컨테이너 야드
CFS	Container Freight Station	선박회사나 그 대리점이 선적할 화물을 화주로부터 인수하거나 양륙된 화물을 화주에게 인도하기 위해 지정한 장소

>>> ──────────────────────────────── 용어설명

컨테이너 야드(CY, Container Yard)란 선박회사 또는 그 대리점이 화주가 화물을 내재(內在)한 컨테이너를 선적하기 위해 화주로부터 컨테이너를 인수하거나, 양륙된 컨테이너를 화물이 적재된 채로 화주에게 인도해주기 위해 지정된 장소를 말한다. 그리고 빈 컨테이너를 집결하여 장치 보관하는 장소와 동일하며 선적항의 항계 내에 위치해 있는 보세장치장이다.

──────────────────────────────── <<<

영어	한국어	약어
Invoice	인보이스(송장)	I/V
Bill of Lading	선하증권	B/L
Insurance Policy	보험증권	I/P
Letter of Credit	신용장	L/C
Bill of Exchange	환어음	B/E
Purchase Note*	구매발주서	P/N
Packing List	포장명세서	P/L
Export Declaration	수출신고서	E/D
Import Declaration	수입신고서	I/D
Air Waybill	항공화물 운송장	AWB
Letter of Guarantee	보증서	L/G
Dock Receipt	화물수취서	D/R
Delivery Order	화물인도지시서	D/O
Shipping Order	선적지시서	S/O
Arrival Notice	화물도착안내	A/N
Shipping Advice	선적의 통지	S/A
Certificate of Origin	원산지 증명	C/O
Container Load Plan	컨테이너 명세서	CLP
Export License	수출승인서	E/L
Import License	수입승인서	I/L
Letter of Indemnity	파손화물보상장	L/I
Shipping Instructions	선적의뢰서	S/I
Mate's Receipt	본선수취서	M/R

*우리나라에서는 Purchase Order(P/O)라고 말한다.

이 표는 무역거래에 사용되는 주요 서류의 일람표이다. 앞으로 무역거래의 흐름을 이해하는 데 위의 서류가 등장하므로 이들 서류를 누가 작성하고 어떻게 흘러가는지 확인하면서 이해하자.

> 우선 이 서류의 이름을 기억하자.

수출의 전체 구도

> 수출의 큰 흐름을 이해하기 위해서는 수출거래의 전체 구도를 이해해야 한다. 크게 4단계, 다시 말해서 '기승전결'을 우선 파악하자.

수출의 흐름

1단계인 '기(起)'는 수출상품의 결정이다. 상대국에서 즐겁게 구입할 매력 있는 수출상품을 결정한다. 거기에는 시장조사를 비롯하여 다양한 조사와 연구가 필요하다. 비용과 품질은 상품을 결정하는 데 큰 요소가 된다.

2단계인 '승(承)'은 교섭이다. 거래상대를 찾고 수출교섭에 들어간다. 어떠한 거래조건으로 계약을 할 것인가가 큰 포인트가 된다. 수출자측에서 보면 취소불능신용장 조건으로 계약할 수 있다면 가장 좋은 방법이라 할 수 있다. 인코텀즈(INCOTERMS)의

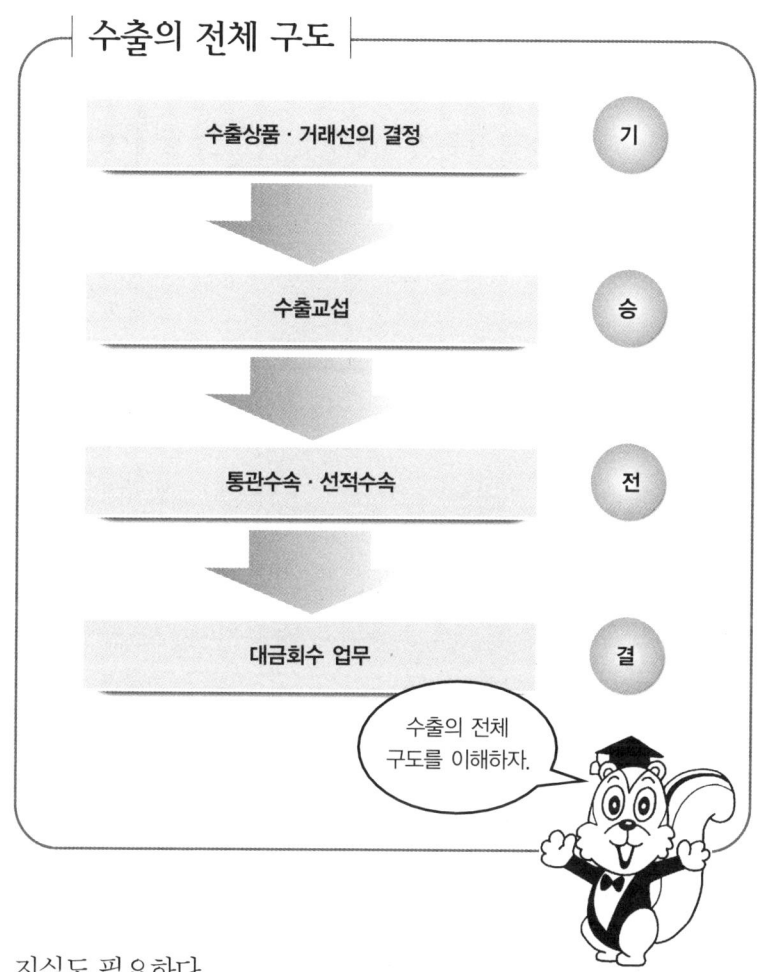

지식도 필요하다.

3단계인 '전(轉)'은 통관수속과 선적수속이다. 수출은 원칙적으로 자유이므로 특별히 어려운 규제도 줄어들었다. 통관은 전문 통관업자(관세사 사무실)에게 의뢰한다. 불명확한 점은 세관에 상담하면 된다. 선적업무는 해상운송 화물업자(海貨業者, 포워

더)가 한다.

  4단계인 '결(結)'은 대금회수 업무이다. 수출자는 수출대금을 무사히 회수해야 한다. 신용장 거래의 경우는 신용장에서 요구하는 서류를 완벽하게 작성한다. 수출자는 은행에 매입을 의뢰하고 대금을 회수한다.

수입의 전체 구도

> 수입의 큰 흐름을 이해한다. 수입도 수출과 마찬가지로 크게 4단계로 나눈 기승전결을 확실하게 파악할 것.

1단계의 '기'는 수입상품의 발굴과 결정이다. 국내에서 히트를 기대할 수 있는 상품이나 구매의욕을 불러일으킬 만한 상품을 발굴할 수 있다면 1단계로서는 성공이다. 수년간의 히트상품에 대한 연구나 구매자층의 연구 등이 필요하다. 시장조사가 큰 의미를 가진다.

2단계의 '승'은 교섭이다. 해외 거래선과 거래조건 등에 관해 서로 주고받는 것이다. 수입교섭은 가격 이외에도 주의해야 할 점이 많다. 국내의 수입규제나 법령에서 주의해야 하는 것, 상품의 품질이나 계절적인 요소가 있는지도 함께 고려하여 교섭해야

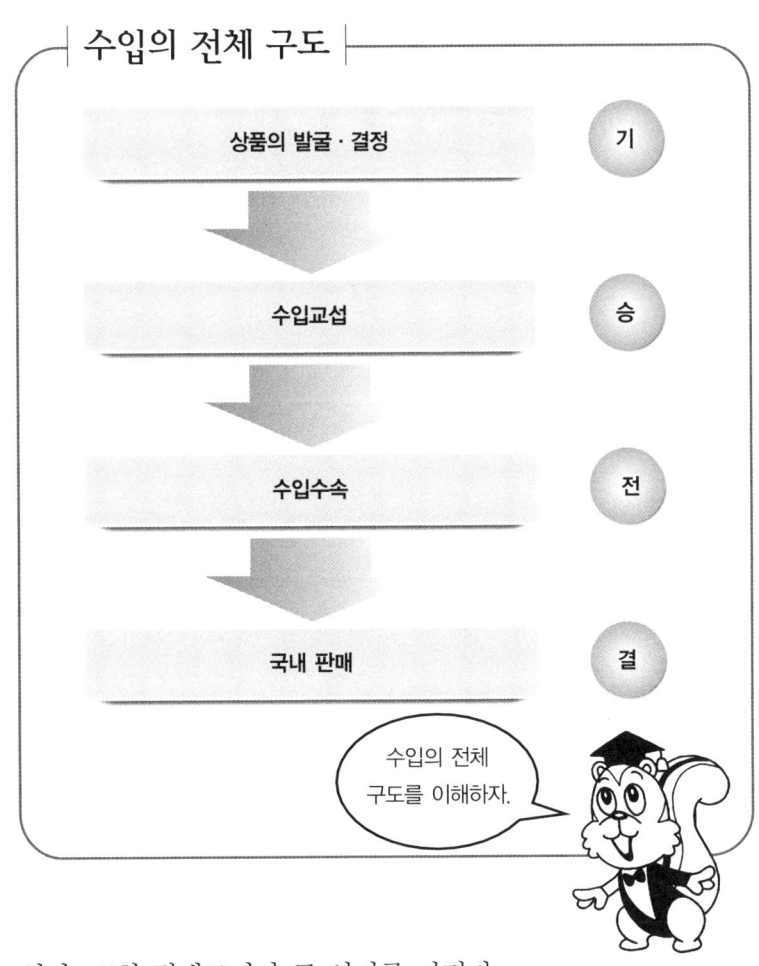

한다. 또한 결제조건이 큰 의미를 가진다.

해상운임이나 보험은 어느 쪽에서 부담할 것인가, 신용장을 개설할 것인가 등의 사항에 대해 수출자와의 교섭이 중요하다

3단계의 '전'은 수입수속이다. 수입화물의 하역을 시작으로 수입통관과 수입허가를 포함하는 수속의 단계이다. 여기서는 전문

업자인 통관업자나 해상화물 운송업자에게 의뢰한다. 수입상품에는 관세와 소비세(우리의 경우 부가가치세이며, 5%가 적용된다)가 부과된다. 수입상품에 관한 지식도 필요하다.

최종단계인 '결'은 국내 판매이다. 수입한 상품을 최종소비자에게 판매하는 단계이다. 이 단계에서 문제가 발생할 경우도 있으므로 주의가 필요하다.

수출업무의 흐름

수출자의 업무	포인트
	관계당사자를 이해한다

1. 시장조사

수출자는 해외시장을 조사·연구한다. 운수, 무역관리제도, 통관방법, 금융, 외환제도, 유통, 판매, 경쟁제품까지 다양한 사항을 조사한다.

2. 상품의 결정

수출자는 가격을 중심으로 품질, 디자인, 색상, 포장 등을 신중하게 검토해서 수출상품을 결정한다.

3. 교섭개시

판매자인 수출자는 구매자에게 희망조건을 명기한 오퍼(Offer)를 제출한다. 이에 대해서 구매자는 오퍼의 내용을 검토하고, 승낙(Acceptance) 할지의 여부를 정한다.

교섭은 경우에 따라 여러 번의 카운터 오퍼(Counter Offer)를 거쳐서 계약이 성립된다.

4. 수출계약을 체결

판매자와 구매자 간에 교섭이 행해지고 수출계약이 체결된다. 수출계약을 맺을 때는 거래조건에 관해서 주의할 필요가 있다.

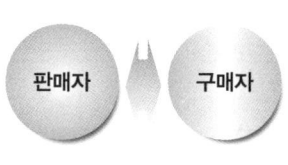

5. 신용장 수령

수출자는 수출계약을 체결하면 수입자에 대해 신용장(L/C, Letter of Credit) 발행을 의뢰한다.

6. 신용장의 내용 확인

수출자는 수령한 신용장을 읽어보고 신용장의 내용과 계약내용을 비교, 확인한다. 신용장에 적혀 있는 금액이나 선적기한, 유효기한, 상품명세, 수량 등을 체크한다. 만약 계약내용과 다르게 되어 있을 경우 즉시 수입자에게 신용장의 변경(Amendment)을 의뢰한다.

7. 선복(船腹)예약

수출자는 수출상품을 준비하고, 선박회사에 선복예약을 한다. 이는 부킹(Booking of Ship's Space)이라 불리며, 특별한 조건이 있을 때는 사전에 선박회사와 상담할 필요가 있다.

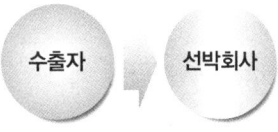

8. 해상보험 예약

수출자는 CIF 조건 등의 경우 해상보험에 가입해야 하며, 해상보험증권을 입수한다. 보험증권의 내용에도 충분히 주의할 필요가 있다.

9. 선적서류 작성

수출자는 선적수속에 필요한 서류를 작성한다.

신용장의 내용에 따라 인보이스(I/V, Invoice), 패킹 리스트(P/L, Packing List, 포장명세서) 등을 정확하게 작성한다.

10. 해상화물 운송업자에게 의뢰

수출자는 선적준비에서부터 통관수속, 본선에의 선적까지를 전문업자에게 의뢰한다. 수출자는 선적의뢰서(S/I, Shipping Instructions)를 작성한다.

해상화물 운송업자는 이 S/I 지시에 따라 다양한 수속을 밟는다.

통관업자 · 해상화물 운송업자 · 선박회사 · 세관의 업무	포인트 관계당사자를 이해한다

11. 통관서류 작성

통관업자는 수출신고서(E/D, Export Declaration)를 작성한다. 인보이스에 명기되어 있는 수출상품을 수출통계품목표에 따라서 해당하는 통계품목 번호를 결정하고, 관세사의 확인을 얻은 후 수출신고를 한다.

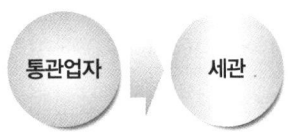

12. 신고 · 심사 · 허가

수출신고된 서류는 세관에서 내용을 충분히 심사하고, 필요에 따라서 세관검사를 한다.

심사 · 검사를 거쳐서 문제가 없으면 수출허가증이 세관으로부터 교부된다.

13. 배닝(Vanning)

해상화물 운송업자는 선적수속을 개시한다. FCL(Full Container Load)

선적의 경우는 CY(Container Yard)로부터 빈 컨테이너를 픽업(Pick Up)하여 수출화물을 컨테이너에 싣고 CY에 반입한다.

>>> ──────────────────────── 용어설명

배닝(Vanning)이란 화물을 컨테이너에 싣는 것을 말하며, 실은 후 검사업자가 작성하는 화물명세증명서를 배닝 리포트(Vanning Report)라 한다. Vanning Certificate 또는 Container Certificate라고도 한다.

──────────────────────── <<<

14. 서류작성

해상화물 운송업자는 선적수속에 필요한 서류를 작성한다.

FCL의 경우는 화물수취서(D/R, Dock Receipt), 컨테이너 명세서(CLP, Container Load Plan)를 작성하고, 수출허가서와 컨테이너 화물 반입표를 함께 CY에 제출한다. LCL(Less than Container Load)의 경우는 D/R과 화물을 CFS(Container

Freight Station)에 반입하게 된다.

15. 본선에 선적

해상화물 운송업자가 배닝한 컨테이너는 컨테이너 야드에 반입된다. CY에서는 컨테이너의 외장상태나 실(Seal)을 확인한다. 반입된 컨테이너는 스트래들 캐리어나 갠트리 크레인 등의 대형기기를 사용해서 본선에 선적된다.

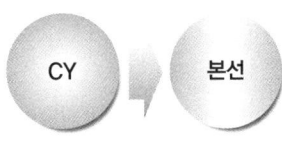

수출자의 업무	포인트 관계당사자를 이해한다

16. 선적의 통지

수출자는 선적이 완료되면 수입자 앞으로 선적을 통지(S/A, Shipping Advice)한다. 선명, 수량, 입항예정일, 출항일, 상품명 등을 적는다.

17. 선하증권 수령

수출자는 선적이 완료되면 선박회

사에 연락해서 선하증권(B/L, Bill of Lading)의 발행을 확인하고 선불(Prepaid)일 경우 운임을 지불한 후 B/L을 수령한다.

선하증권은 가장 중요한 서류이다.

18. 매입서류 작성

수출자는 대금회수를 위해 환어음 등 매입서류를 작성한다. 신용장 거래의 경우는 신용장의 지시에 따라 요구하는 서류를 필요한 매수로 작성한다.

19. 매입 의뢰

수출자는 신용장에서 요구하는 환어음, 선하증권, 인보이스, 포장명세서, 보험증권 등의 서류를 작성하여 거래은행에 매입을 의뢰한다.

은행은 제출된 서류에 관해서 충분히 체크하고, 문제가 없으면 수출자에게 대금을 지불한다.

수출자는 수출한 상품의 대금을 무사히 수령할 수 있다.

수입업무의 흐름

| 수입자의 업무 | 포인트
관계당사자를 이해한다 |

1. 수입상품 결정

어떠한 상품이 소비자의 구매의욕을 불러일으킬 것인가, 소비자를 즐겁게 해줄 것인가를 끊임없이 생각하고 수입상품을 결정한다. 시장조사 등의 사전 의식조사가 필요하다.

2. 거래선 발굴

수입할 상품을 결정했으면 수입자

는 해외의 유력한 거래처를 찾는다. 좋은 거래처가 될 만한 회사를 찾기 위한 방법으로 인터넷도 자주 이용되고 있다.

3. 신용조사

거래처를 정하면 그 거래처에 대해 신용조사를 한다. 신용조사는 전문기관에 의뢰하는 경우가 많다. 충분한 신용조사를 하여 거래처의 신용상태에 문제가 없고 상거래를 하기에 적당하다고 판단되면 수입교섭에 들어간다.

4. 수입교섭

수출자와 교섭을 한다. 교섭은 양자 간에 반복하여 이루어진다. 수입자는 가격에 주의해야 한다. 수입자는 가격 이외에 수량, 품질, 납기, 지불조건 등에 관해서도 상세하게 정한다.

5. 매매계약 체결

여러 번의 교섭 후 쌍방이 합의하면 계약이 성립되고, 매매계약이 체결된다. 계약이 성립되면 수입자는 주문서(P/O, Purchase Order)를 발행하여 수출자에게 송부한다. 수입자, 수출자 쌍방이 서명해서 각각 1부씩 보관한다.

6. 인·허가 등을 신청

수입자는 수입에 관한 규제나 허가·승인에 관해서 충분한 지식이 필요하다. 수입할 상품이 인허가의 수속을 필요로 할 경우는 신속하게 처리해 두는 것이 중요하다.

7. L/C 개설 의뢰

수입자는 신용장 조건으로 수입계약을 체결했을 경우 신용장 개설을 의뢰한다.

수입자는 자사의 거래은행에 신용장 개설을 의뢰한다. 신용장이란 수입지의 은행이 수입자를 대신해서 수출자에게 대금을 지불할 것을 보증하는 것이기 때문에 은행은 수입자의 신용상태를 충분히 조사하고 신용장을 개설한다.

8. 해상보험 예약

수입계약이 FOB(Free On Board, 본선 인도조건)나 CFR(Cost And Freight, 운임포함 인도조건)일 경우는 수입자측에서 해상보험에 가입해야 한다. 해상보험의 보험범위나 조건은 수입상품에 따라서 크게 다르기 때문에 신중하게 보험 종류를 확인하고 가입해야 한다. 수입상품에 데미지(Damage) 등의 트러블이 발생했을 경우에는 보험이 큰 의미를 가진다. 해상보험의 지식도 대단히 중요하다.

9. 외국환 예약

외국환 시세는 항상 변동하므로 위

험이 있다. 외국환의 시세변동은 수입자에게도 큰 리스크가 된다. 그래서 외국환 거래일 경우에는 환율을 예약함으로써 리스크를 회피한다. 수입자는 외국환으로 계약할 경우 신속히 외국환 예약을 한다.

>>> ─────────────────────────── 보충설명

외국환 예약을 일반적으로 선물환 예약이라 한다. 플랜트 등과 같이 금액이 상당히 큰 비즈니스에서 행해지고 있으며, 통상의 소액 수입 비즈니스에서는 거의 하지 않고 있다.

─────────────────────────── <<<

10. 선적통지 수령

선적 종료 후 수입자는 수출자로부터 선적통지를 받는다. 수입자는 선적통지를 받으면 선적의 상세 내용을 파악하고 수입준비에 들어간다.

11. 화물도착안내를 받는다

선박회사로부터는 화물도착안내

(A/N, Arrival Note)가 화물 수령인인 수입자 앞으로 송달된다.

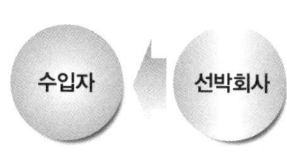

화물도착안내에는 선박 이름, 입항 예정일, 수입자 이름, 수출자 이름, 화물명세, 해상운임, 제반 비용, B/L 번호 등 필요한 정보가 적혀 있다.

12. 수입결제

수입자는 선하증권을 수령하기 위해 수입결제를 한다. 신용장 발행은행으로부터 선적서류의 도착 통지를 받으면 결제를 준비한다. 수입대금을 지불하고 선적서류를 수령한다.

13. 해상화물 운송업자 · 통관업자에게 의뢰

수입자는 통관에서부터 국내 배송까지 필요한 수속을 전문업자인 해상화물 운송업자, 통관업자에게 의뢰한다. 수입자는 수령한 인보이스 등의 필요서류를 확인하고 전문업자에게 제출한다.

> 한국의 경우

우리나라의 경우 수입화물이 도착하면 통상 관세사 사무실에 통관에서부터 국내 배송까지 일괄 의뢰하고 있다. 관세사 사무실에서 예상한 관세 등 제반 비용을 지불하면 관세사 사무실에서 일괄 처리해주고 영수증을 첨부한 최종 정산을 하는 것이 일반적이다.

14. D/O 교환

수입화물을 받으려면 화물인도지시서(D/O, Delivery Order)가 필요하다. 수입자 또는 해상화물 운송업자는 선박회사에서 B/L과 D/O를 교환한다. D/O란 화물의 인도를 선장 또는 CY, CFS의 오퍼레이터에게 지시한 서류이다.

| 통관업자 · 해상화물 운송업자 · 선박회사 · 세관의 업무 | 포인트 관계당사자를 이해한다 |

15. 화물을 배에서 내림

본선이 입항하면 선박회사 대리점이 화물을 배에서 내린다. FCL Cargo의 경우는 본선에서 내려진 컨테이너를 CY로 가져간다. LCL Cargo일 때는 CFS로 가져간다.

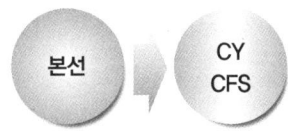

16. 보세지역 반입

수입하려고 하는 화물은 원칙적으로 보세지역에 반입되고, 화물의 개수, 화물의 상태를 확인한다.

17. 수입통관 서류 작성

수입을 하는 데는 통관수속이 필요하다. 통관수속은 관세청에 등록된 통관업자(관세사)가 수입자의 위임을 받아 대행한다. 통관업자는 수입자로부터 수령한 서류를 참고하여 수입신고서(I/D, Import Declaration)를 작

성한다.

18. 신고 · 심사 · 검사 · 허가

수입신고는 Sea-NACCS라고 불리는 컴퓨터 시스템을 이용해서 처리된다. 신고내용은 세관에서 충분히 심사하고 필요에 따라서 세관검사가 행해진다.

>>> 한국의 경우

우리나라에는 Sea-NACCS 시스템은 없으며 이와 유사한 것으로 UNI-PASS가 있다. 전자통관시스템으로 모든 세관신고업무를 통합하여 ONE-STOP 처리가 가능한 관세청의 통합 서비스이다.

관세청 통관망과 무역업체, 관세사, 운송업체 및 관련기관 등이 연계되어 있어 신고인은 세관에 "서류 제출 없이" 수입신고하고 수리 결과를 확인해 볼 수 있는 시스템이다.

UNI-PASS에서의 수입통관시스템은 수입신고서 접수 및 심사, 수입 C/S, 상표권관리, 까르네관리, 정보관리 등으로 구성되어 있으며, 100% 전자문서에 의한 신고가 이루어지고 있다. 또한 은행과 연계되어 인터넷 뱅킹에 의한 전자수납이 이루어지고 있으며, 요건확인기관과 연계되어 전자문서에 의한 확인 및 처리가 가능하도록 되어 있다.

따라서 수입통관을 관세사 사무실에 의뢰하면 관세사 사무실은 관세청 통관망과 연계되어 있으므로 UNI-PASS 또는 EDI(Electronic Data Interchange, 전자문서교환방식)전산망을 이용해서 수입통관을 위한 수입신고를 한다. 관세사는 세관에서 신고가 수리된 것을 PC에서 확인한 후 관세, 부가가치세 등을 은행에 납부하고 수입신고서 내용을 출력하여 화주에게 교부한다. 화주는 이를 가지고 창고료 등을 납부한 후 화물을 수령한다.

관세사 사무실에 수입통관을 의뢰할 때 국내 배송까지 일괄 의뢰하면 관세사 사무실에서 연계된 국내 운송업자가 관세사 사무실의 지시에 따라 화물을 출고하여 수입자가 지정하는 장소까지 운송하여 준다.

19. 수입허가

수입허가를 받기 전에 관세, 부가가치세를 납부한다. 관세, 소비세(우리나라의 경우 부가가치세)의 납부가 확인되면 세관으로부터 수입허가서가 교부된다.

수입허가 업무를 확실하게 이해하자.

| 수입자의 업무 | 포인트
관계당사자를 이해한다 |

20. 허가 후 작업

수입화물은 수입허가 후 상품의 재포장이나 라벨을 붙인다. 이어 설명서의 삽입 등과 같은 작업이 이루어지고, 국내에 유통된다.

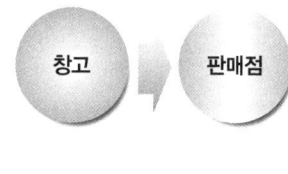

21. 판매

국내 판매가 이루어진다. 소비자 곁으로 수입품이 전달된다. 이렇게 하여 해외에서 보내온 수입상품이 최종적으로 소비자 곁으로 가는 것이다.

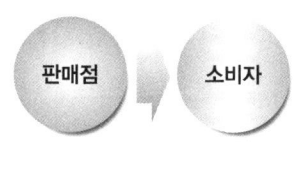

교섭에서 계약성립까지의 흐름

무역거래의 교섭에서 계약성립까지의 흐름을 확인하자.

교섭에서 계약성립까지의 기본적인 흐름은 다음과 같다.

권유(Proposal)
자신이 거래하고자 하는 기업이나 해외의 상업회의소 등에 카탈로그 등을 송부하고 적극적으로 판매활동을 꾀한다. 이 경우 상대방에게 흥미를 갖게 하도록 하는 것이 포인트이다.

조회(Inquiry)
권유를 받으면 흥미가 있는 상품에 대해 견적 의뢰나 수량, 품

교섭에서 계약성립까지의 흐름

권유 PROPOSAL

자신이 적극적으로 판매를 하려고 한다. 카탈로그 송부 등으로 상대방의 주의를 끄는 것이 포인트이다.

조회 INQUIRY

상세한 견적을 의뢰한다. 거래조건 등에 관해 문의한다.

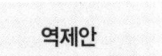
제안(신청) OFFER

거래하고 싶은 상품에 관해서 구체적으로 거래조건을 제시한다. 오퍼의 종류에 주의가 필요하다.

역제안 COUNTER OFFER

상대가 제시한 제안에 대해서 조건의 변경을 요청하거나 신규 조건을 제시한다.

승낙 ACCEPTANCE

판매자, 구매자 양쪽의 의사가 일치하면 계약이 성립된다.

교섭에서 계약이 성립되기까지의 흐름을 파악하자.

질, 납기 등을 문의한다.

제안(Offer)
거래하고 싶은 상품에 관해서 품질, 가격, 수량, 납기, 거래조건 등을 상대방에게 구체적으로 제시한다.

역제안(Counter Offer)
제안에 대해서 조건변경을 요청한다. 수량이나 금액을 조정한다. 또한 새로운 조건을 제시하는 경우도 있다.

승낙(Acceptance)
역제안에서 제시된 조건에 대해 상대방이 그 내용을 승낙하면 계약은 성립된다. 계약이 성립될 때는 반드시 계약서를 작성하고 서로 확인하는 것이 중요하다.

신용장 당사자의 관계

① 신용장 거래에서 당사자(관계기관)에 대해 이해하자.
② 신용장 거래의 흐름을 이해하자.

신용장 거래의 흐름과 관계당사자를 확인하자.

신청자(Applicant)

신용장 개설을 자사의 거래은행에 의뢰하는 사람이다. 통상은 수입자로, 신용장 개설의뢰서를 작성하고 수속을 한다.

수익자(Beneficiary)

신용장을 이용하는 사람으로 수출자를 가리킨다.

신용장의 당사자와 신용장 거래의 흐름

통지은행 Advising Bank		개설은행 Opening Bank
 ④		②
수익자 (수출자) Beneficiary	①	신청자 (수입자) Applicant

신용장의 통지방법
- 우송 : 신용장의 본체를 항공우편으로 보내는 방법
- 풀 케이블(Full Cable)·어드바이스 방식 : 신용장의 전문(全文)을 전보나 전신 등으로 보내는 방법
- 프리 어드바이스(Pre-Advise) 방식 : 신용장의 요점을 케이블로 사전에 통지하고 본체는 나중에 우송하는 방법

신용장의 흐름을 확실하게 확인하자.

개설은행(Opening Bank)

수입지의 은행으로서 수익자 앞으로 신용장을 개설하는 은행을 말한다. Issuing Bank, Establishing Bank라고도 부른다.

통지은행(Advising Bank)

개설은행의 의뢰를 받아서 수익자에게 신용장의 도착을 통지해주는 은행이다.

① 수출자(Beneficiary)와 수입자(Applicant) 간에 계약이 체결된다.
② 수입자(Applicant)는 거래은행에 수출자 앞으로 신용장(L/C) 개설을 의뢰한다. 수입신용장 개설의뢰서(Application for Opening Letter of Credit)를 작성하고 개설은행에 필요서류와 함께 제출한다.
③ 개설은행(Opening Bank)은 신용장을 개설하고 거래계약에 있는 수출국의 은행에 케이블(Cable), 우편 등을 통해 신용장을 송부한다.
④ 통지은행(Advising Bank)은 개설은행으로부터 보내온 신용장의 도착을 수출자에게 알린다.

신용장 거래의 통관, 선적서류의 흐름

신용장 거래의 통관, 선적서류의 흐름을 파악하자.

수출자는 통지은행으로부터 신용장(L/C)을 수령하고 통관 및 선적수속을 개시한다.

① 신용장 거래에서 선적을 할 경우 수출자는 우선 신용장의 내용을 파악해야 한다. 다음으로 신용장에서 요구하는 조건에 따라 선적서류를 작성한다. 상품의 조달은 물론 신용장의 선적기한 내에 확실하게 선적을 할 수 있도록 본선을 선정해서 선박회사에 선복예약을 한다.
② 신용장의 내용에 따라 해상화물 운송업자, 통관업자에게 선

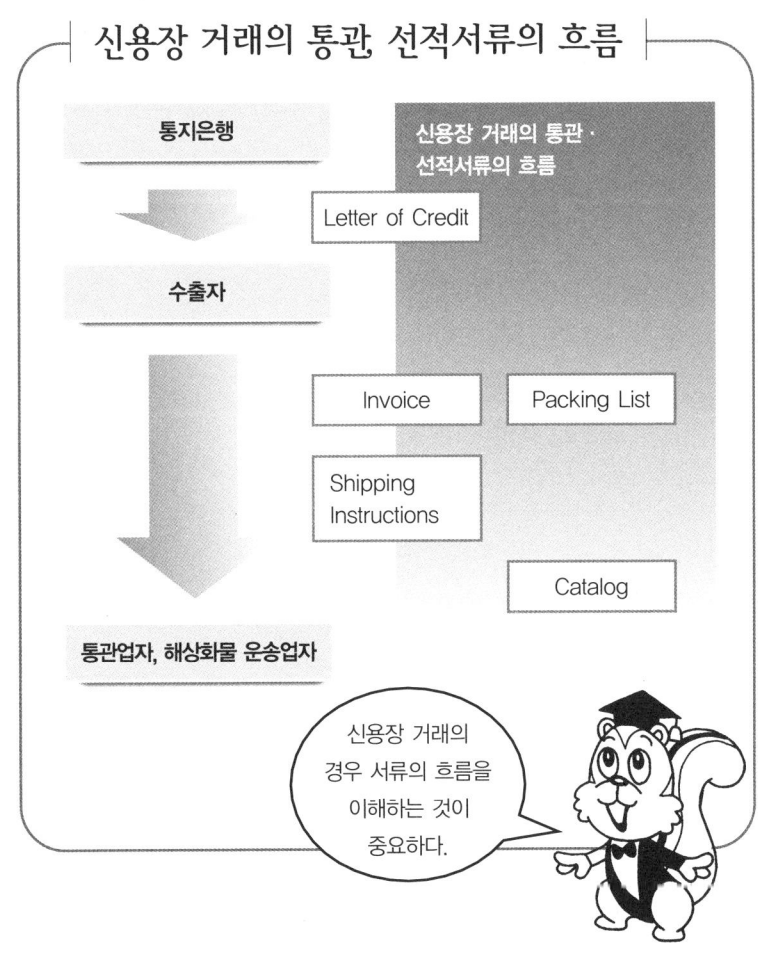

적·통관수속을 의뢰하는 서류, 다시 말해 선적의뢰서(S/I)를 작성한다. 전문업자는 이 선적의뢰서를 바탕으로 화물수취서 등의 서류를 작성하기 때문에 기재내용은 신용장의 내용과 일치해야 한다.

③ 수출자는 신용장의 내용에 따라 인보이스(Invoice), 패킹 리

스트(Packing List)를 작성한다.

④ 수출의 통관수속을 순조롭게 하기 위해서 수출자는 상품을 설명할 수 있는 카탈로그나 팸플릿 등을 준비해둔다.

한국의 경우

우리나라에서는 통상 선박회사 또는 해상운송 화물회사(해상화물 운송업자, 포워더)에게 전화 또는 팩스, 이메일로 선적을 의뢰한다. 또한 관세사 사무실에 통관을 의뢰하며, 그 경우 인보이스와 패킹 리스트를 이들 회사 또는 사무실에 제출한다.

수출통관의 흐름

> 수출자로부터 서류를 수령한 후 통관의 흐름을 이해한다.
> 서류의 흐름과 화물의 흐름을 확실하게 파악해둔다.

수출통관의 흐름

수출통관에 따르는 화물·서류의 흐름과 주의점을 이해하자.

① 수출자는 수출의 통관수속을 통관업자(우리의 경우 관세사 사무실)에게 의뢰한다. 인보이스(Invoice) 등의 필요한 서류를 작성한다. 빠뜨린 서류가 없는지 철저하게 체크하고 통관업자에게 제출한다.

수출통관의 흐름

```
통관업자에게 수출통관          →   서류준비에 미비점이
수속을 의뢰한다                       없는지 체크한다.
        ↓
수출화물이 보세지역에          →   수출화물의 개수, 상태를 확
반입된다                              인한다.
        ↓
통관서류가 작성되고            →   필요한 서류를 확인한다.
수출신고 수속이 이루어진다
        ↓
세관에서는 심사·검사가         →   검사를 통해 화물을
이루어지고 수출허가증이 발행된다      확인한다.
        ↓
선적수속이 이루어진다          →   부킹한 배에 선적된다.
```

수출통관의 흐름을 이해하자.

>>> ──────────────────────────────── 한국의 경우

통상 관세사 사무실에 통관을 의뢰하면 여기서 통관에 필요한 서류를 알려주므로 그에 따라 서류를 준비하면 된다.

──────────────────────────────── <<<

② 한편 수출하려고 하는 화물은 보세지역에 반입된다. 통관업자는 화물의 상태 등을 확인한다. 서류의 케이스 마크(Case Mark)나 개수와 실제 화물의 마크나 개수가 일치하는지 확인한다.

③ 통관업자는 수출자로부터 수령한 서류를 참고로 해서 수출신고서(E/D, Export Declaration)를 작성한다. 관세사의 확인을 받아서 세관에 신고수속을 한다. 현재는 NACCS를 이용함으로써 신속한 통관업무가 이루어지고 있다.

>>> ──────────────────────────────── 한국의 경우

우리나라는 NACCS가 아니라 UNI-PASS 또는 EDI전산망을 이용하여 수출신고를 한다.

──────────────────────────────── <<<

④ 세관에서는 신고된 서류를 심사한다. 서류심사로 불충분하

다고 생각되는 것에 관해서는 세관검사에 의해 현품의 확인이 이루어진다. 문제가 없으면 세관으로부터 수출허가증이 발행된다.
⑤ 수출허가를 받으면 실제 선적수속이 시작된다.

매입서류의 흐름

매입업무의 기본적인 흐름을 이해하자. 수출자가 준비해야 하는
서류의 작성, 서류의 흐름을 파악하는 것이 중요하다.

수출자는 선적이 종료되면 대금회수 업무에 들어간다. 매입업무라고 일컬어지는 것이다. 수출자는 매입업무에 필요한 서류를 작성한다.

① 수출자는 신용장에서 요구하는 서류를 정확하게 준비해야 한다. 선박회사로부터 선하증권(B/L)을 입수하여 기재사항을 충분히 체크한다.

② CIF 조건 등의 경우는 보험증권을 준비한다. 보험회사로부터 보험증권(I/P, Insurance Policy)을 입수하고, 신용장의 요

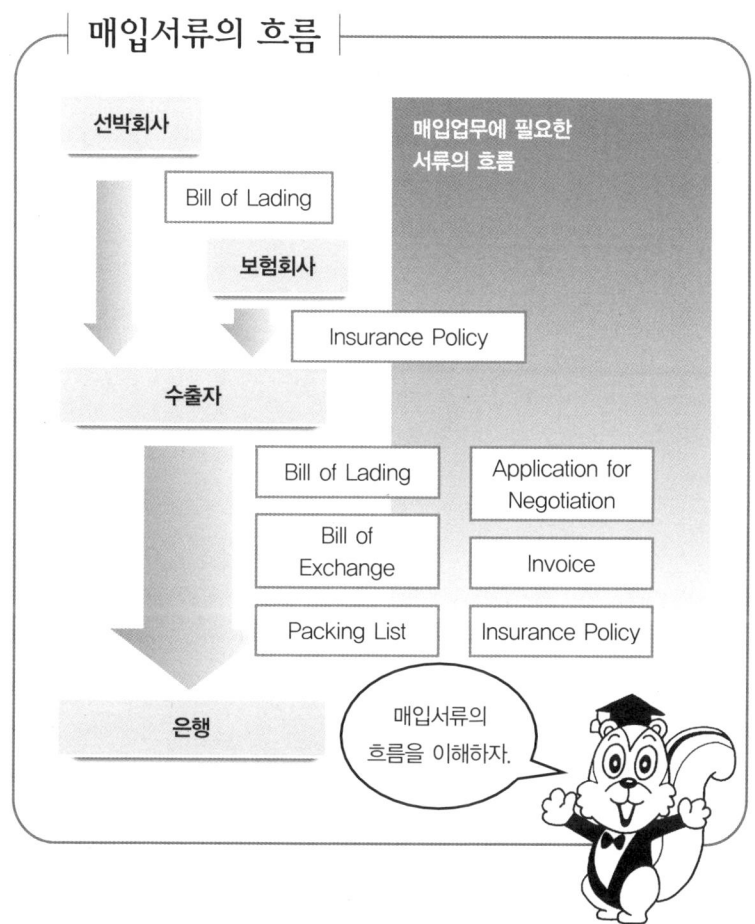

구를 만족시키고 있는지 확인한다.

③ 수출자는 환어음(B/E, Bill of Exchange)을 작성한다. 환어음을 작성할 때는 충분히 주의를 기울여야 한다. 금액을 잘못 적는 실수는 돌이킬 수 없기 때문에 정확하게 작성하는 것이 중요하다. 작성한 후에는 반드시 신용장의 내용과 확인하자.

④ 은행에서 지정한 화물환어음 매입의뢰서(Application for Negotiation)를 함께 작성하여 은행에 제출한다. 신용장에 따라서는 원산지증명서나 검사증명서 등의 서류를 요구하는 경우도 있다.

선하증권을 정정할 경우의 흐름

수출자는 입수한 선하증권을 정정해야 하는 경우가 있다.
이때 서류의 흐름과 절차를 이해하자.

수출자는 선적이 종료되면 선하증권을 선박회사로부터 입수하여 그 내용을 확인한다. 계약내용과 차이가 있거나 신용장에서 요구하는 문언이 부족하다든지 하는 미비점이 발견될 때는 선하증권을 정정한다.

선하증권을 정정할 경우의 흐름을 확인하자.

① 수출자는 선박회사로부터 선하증권을 입수하고, 기재내용을 충분히 확인한다. 특히 신용장 조건의 경우는 신용장에서 요구하는 문언과 일치해야 한다.

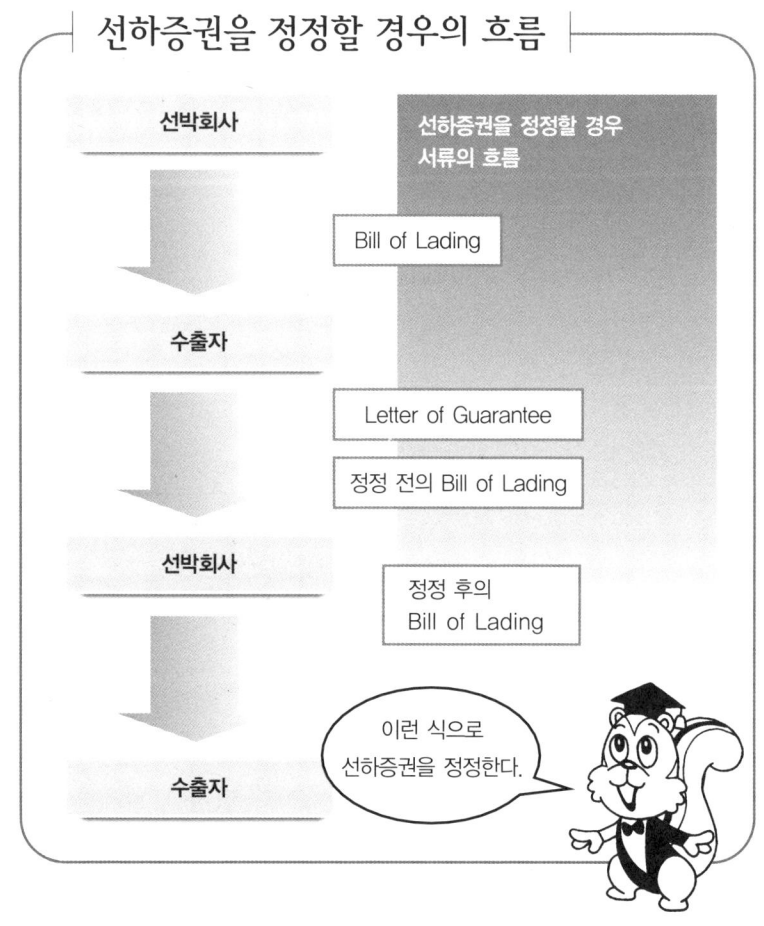

② 수출자는 선하증권에 기재되어 있는 내용 가운데 정정할 곳을 발견했을 때는 선하증권의 정정 준비에 들어간다. 수출자는 선박회사에 대해서 보증서(L/G, Letter of Guarantee)를 작성한다.

③ 수출자는 선하증권에 이 보증서를 첨부하여 선박회사에 제

출하고 선하증권의 정정을 요구한다. 수출자는 정정된 선하증권과 신용장의 내용을 다시 확인한다.

Point

| 정정이 자주 요구되는 부분의 예 |

- 상품명세의 영어 알파벳 오류
- 수량의 단위 오류
- 주소의 영어 알파벳 오류 등

불일치를 발견했을 때의 대처법

불일치를 발견했을 때의 대처법을 확인해두자.

불일치(Discrepancy)를 발견할 경우에는 다음과 같이 대처해야 하므로 그 방법을 알아두자.

신용장의 변경을 의뢰한다

수출자는 우선 신용장을 받으면 내용을 체크한다. 신용장에서 불일치가 발견될 경우에는 즉시 수입자에게 신용장의 내용수정(Amendment)을 의뢰한다. 수정한 것을 받으면 내용을 확인한 후, 매입시 신용장 원본에 수정분을 첨부해서 매입수속을 의뢰한다. 시간적으로 여유가 있을 경우 가장 바람직한 방법이다.

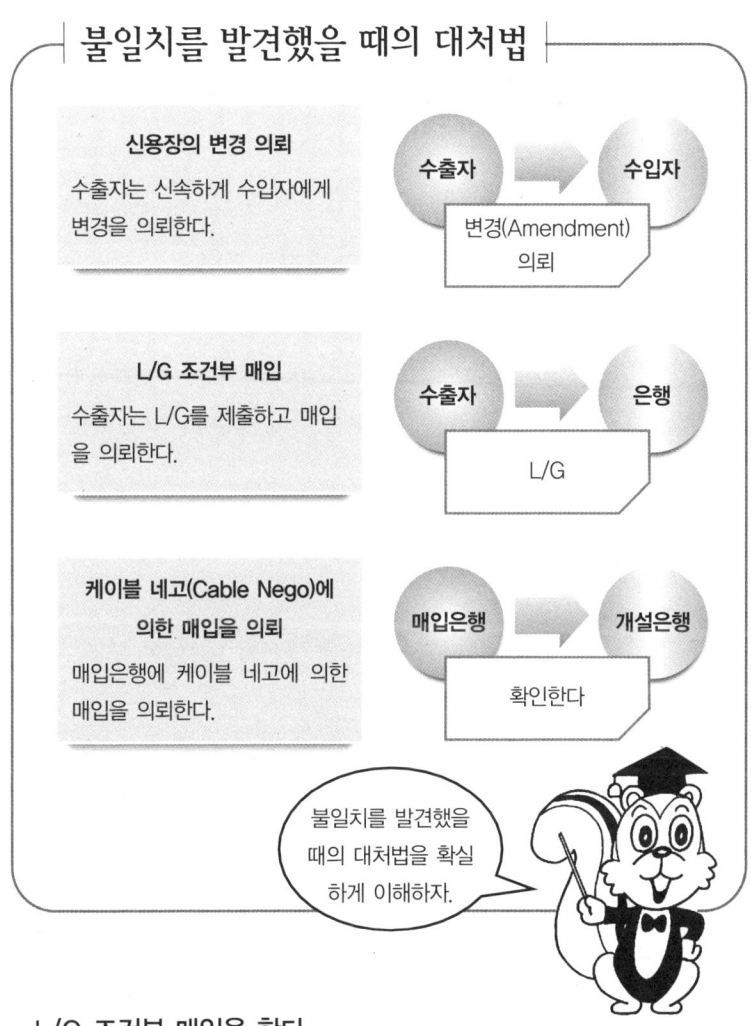

L/G 조건부 매입을 한다

　수출자는 불일치의 내용이 사소한 것이거나 수입자가 불일치의 내용을 충분히 이해하고 있을 경우, 또한 시간적인 여유가 없을 때는 보증서(L/G)를 제출하고 매입수속을 의뢰한다. 이는 수출자가 은행에 L/G를 제출함으로써 내용의 불일치에 관해서 발생한 문제를 모두 책임진다는 것을 보증한 후 어음의 매입을 의뢰하는 것이다.

케이블 네고(Cable Nego)에 의한 매입을 한다

불일치의 내용이 중대한 문제일 때는 매입은행이 신용장 개설은행에 매입을 해도 좋은지 문의한다. 개설은행의 승낙을 받으면 매입을 한다. 이러한 절차를 '케이블 네고(Cable Negotiation)'라고 한다.

수입준비

상품이 도착하기 전후에 수입자가 준비해야 할 일을 확인하자.

수입상품이 도착하기 전후에 다음 사항을 준비한다.

본선의 입항일을 확인

수입자는 수출자로부터 받은 선적통지(S/A)를 바탕으로 선박회사에 본선의 도착예정일을 확인한다. 선박회사로부터는 화물도착안내(A/N)를 받는다. 수입자는 이들 서류에 의해 본선의 확실한 도착일시를 파악할 수 있다.

필요한 서류 준비

수입자는 어음을 결제하고 선적서류를 은행으로부터 수령한다. 수입 통관수속에 필요한 서류를 준비한다.

선하증권, 인보이스, 패킹 리스트(P/L), 그리고 필요에 따라서 원산지 증명서, 보험료 명세서, 카탈로그, 팸플릿 등도 준비한다.

사전에 관세나 부가가치세, 기타 경비를 확인한다

수입통관을 할 때 사전에 상품에 부과되는 관세나 부가가치세를 확인해두는 것이 중요하다. 또한 상품 수송비나 보관료를 확인하자. 서류 미비 등으로 예기치 않은 시간을 허비하고 모처럼 잡은 비즈니스 찬스를 잃는 일이 없도록 해야 한다.

수입통관에 필요한 서류

> 수입통관에 필요한 서류를 미리 파악하고
> 통관수속을 하기 전에 준비해둘 서류를 확인하자.

수입통관에 필요한 서류의 흐름

① 수입자는 수입통관을 의뢰하기 위해 필요한 서류를 준비한다. 수입결제 후 은행으로부터 선하증권(B/L)을 포함한 선적서류를 수령한다. 수입통관에는 인보이스, 패킹 리스트 등의 서류가 필요하다.

② 보험증권이나 원산지 증명서(C/O, Certificate of Origin)를 준비하는 경우도 있다. 보험료는 관세금액을 결정하는 데 필요하다. 상품에 따라서는 특혜관세를 적용받기 위해 원산지 증명서나 그밖의 서류가 요구된다.

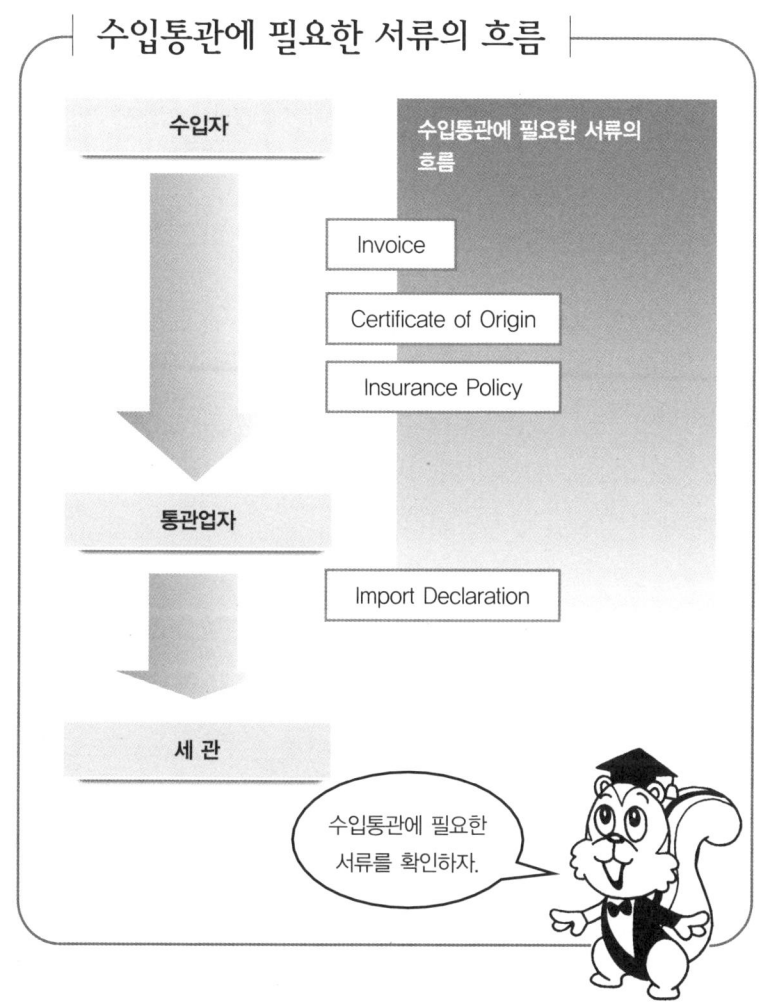

③ 수입통관을 순조롭게 하기 위해서는 수입하는 상품의 내용을 충분히 설명할 수 있도록 카탈로그, 팸플릿 등을 사전에 준비해두는 것도 중요하다.

> **한국의 경우**
>
> 우리나라의 경우 거의 대부분의 품목에서 수입통관시 원산지 증명이 필요하므로 해외 거래처에 반드시 원산지 증명을 요구해 받아야 한다.

④ 이들 서류를 갖추어 전문업자인 통관업자에게 수입통관을 의뢰한다.

⑤ 통관업자는 이들 서류를 바탕으로 수입신고서(I/D)를 작성, 세관에 수입신고 수속을 한다.

수입통관의 흐름

수입통관의 흐름을 이해하자. 수입통관에 필요한 서류의 준비, 수입규제에 관한 지식이 필요하다.

수입통관에 따르는 흐름을 이해하자
① 수입자는 수입통관 수속을 통관업자에게 의뢰한다. 수입통관에 필요한 서류를 이 시점에서 준비해야 한다. 특히 수입규제에 해당하는 상품을 수입하는 경우에는 사전에 수속을 완료해두자.
② 수입상품이 보세지역에 반입되면 개수나 카고 데미지(Cargo Damage, 화물손상)를 확인한다. 특히 화물의 과부족에는 충분한 주의가 필요하다.
③ 통관업자는 수입자로부터 수령한 서류를 참고로 수입신고

수입통관의 흐름

수입통관의 흐름을 이해하자.

| 통관업자에게 수입통관을 의뢰한다 | → | 미비된 서류가 없는지 체크한다. |

↓

| 수입상품이 보세지역에 반입된다 | → | 수입상품의 수량이나 손상(데미지)을 확인한다. |

↓

| 수입신고서가 작성되고 통관수속이 이루어진다 | → | 관세금액을 확인한다. |

↓

| 세관은 심사·검사를 하고 수입허가증을 발행한다 | → | 검사에 의해 상품이 확인된다. |

↓

| 국내에 유통되어 가게에 진열된다 | → | 국내에서 판매된다. |

서(I/D)를 작성한다. 수입신고서를 작성할 때의 주의점은 세번(税番, 통상 HS번호라고 함)의 결정에 따라 관세금액이 크게 달라진다는 점이다. 수입에 관한 여러 가지 규제가 있기 때문에 필요한 절차가 종료되었는지도 확인한다.

④ 세관에서는 수입신고 서류를 심사한다. 수입상품에 관해서는 세관검사의 빈도가 높은 것 같다. 뢴트겐(Rontgen, 엑스선)차를 이용하여 마약이나 권총 등과 같은 수입금지 품목을 적발한다. 현품의 검사가 종료되면 관세와 부가가치세의 납부를 확인하고, 수입허가증을 발행한다.

⑤ 수입허가를 받으면 국내 화물이 되고, 자유롭게 국내에 배송되어 가게에 상품으로 진열된다.

화물인도지시서(D/O)의 교환방법

화물인도지시서를 입수하는 방법을 이해하자.

　수입자는 선하증권(B/L)을 받으면 수입화물을 수령할 준비를 한다. 수입화물을 받기 위해서는 화물인도지시서(D/O)가 필요하다. 선박회사에 선하증권을 제출하고 화물인도지시서를 수령한다. 화물인도지시서란 선박회사가 화물의 인도를 선장 또는 CY, CFS의 오퍼레이터에게 지시한 서류이다.

B/L을 가지고 있을 경우 D/O의 교환방법
① 수입자 또는 해상화물 운송업자는 B/L을 선박회사에 제출한다.

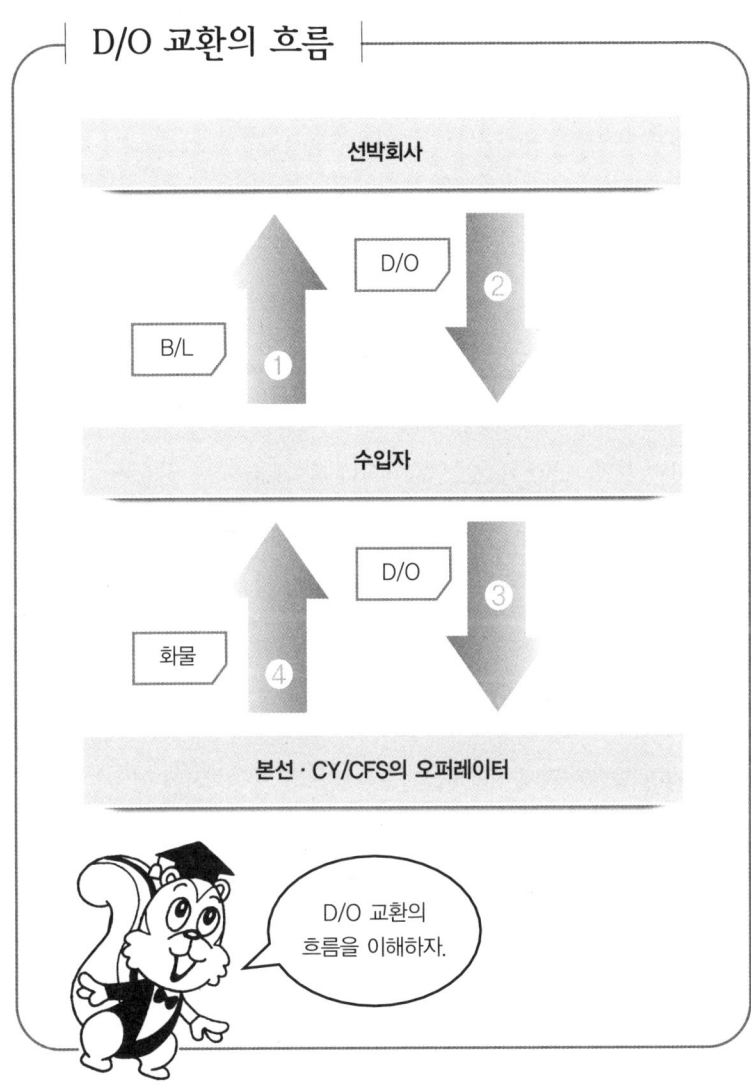

② 선박회사는 B/L을 확인한 후 D/O를 발행한다.

③ 수입자 또는 해상화물 운송업자는 D/O를 수입화물이 적재

되어 있는 본선의 선장 또는 CY, CFS의 오퍼레이터에게 제출한다.

④ 수입자 또는 해상화물 운송업자는 D/O를 제출하고 수입화물을 수령할 수 있다.

화물의 양륙방법

화물의 양륙(揚陸)방법에는 전부를 양륙하는 방법과 자가화물만 내리는 방법이 있다. 전자의 경우 D/O는 선박 내의 하역업자 또는 CY, CFS 각각의 오퍼레이터에게 제출하고 화물을 수령한다. 후자의 경우는 본선의 선장에게 제출하고 화물을 수령한다.

화물을 내릴 때 화물의 형태, 개수, 상태를 확인한다.

보충설명

 이러한 과정은 관세사 사무실 또는 해상화물 운송회사에 필요한 서류를 주면 수속을 하여 화물을 수입자가 지정한 장소에 가져다준다. 실제로 수입자가 직접 하는 경우는 거의 없다. 단지 이러한 과정을 거친다는 점을 알아두면 참고가 될 것이다.

B/L이 도착하지 않았을 때 서류의 흐름

> 본선은 이미 입항했는데 수입자가 선하증권을 수령하지 못했을 경우의 처리방법을 확인해두자.

선박의 고속화나 동남아시아로부터의 수입품 급증에 따라 이미 화물이 항구에 도착해 있는데도 선하증권을 수령하지 못하는 경우가 있다. 이러한 경우에 수입자는 신속하게 소정의 수속을 밟아 화물을 지체 없이 수령하는 것이 중요하다.

B/L이 도착하지 않았을 때의 처리방법

① 수입자는 선하증권(B/L)을 수령하지 못했을 경우 수입화물인수보증서(L/G)를 작성, 거래은행에 연대보증을 의뢰한다.

② 은행은 제출된 L/G를 확인하고 은행 내 서명권한자가 서명

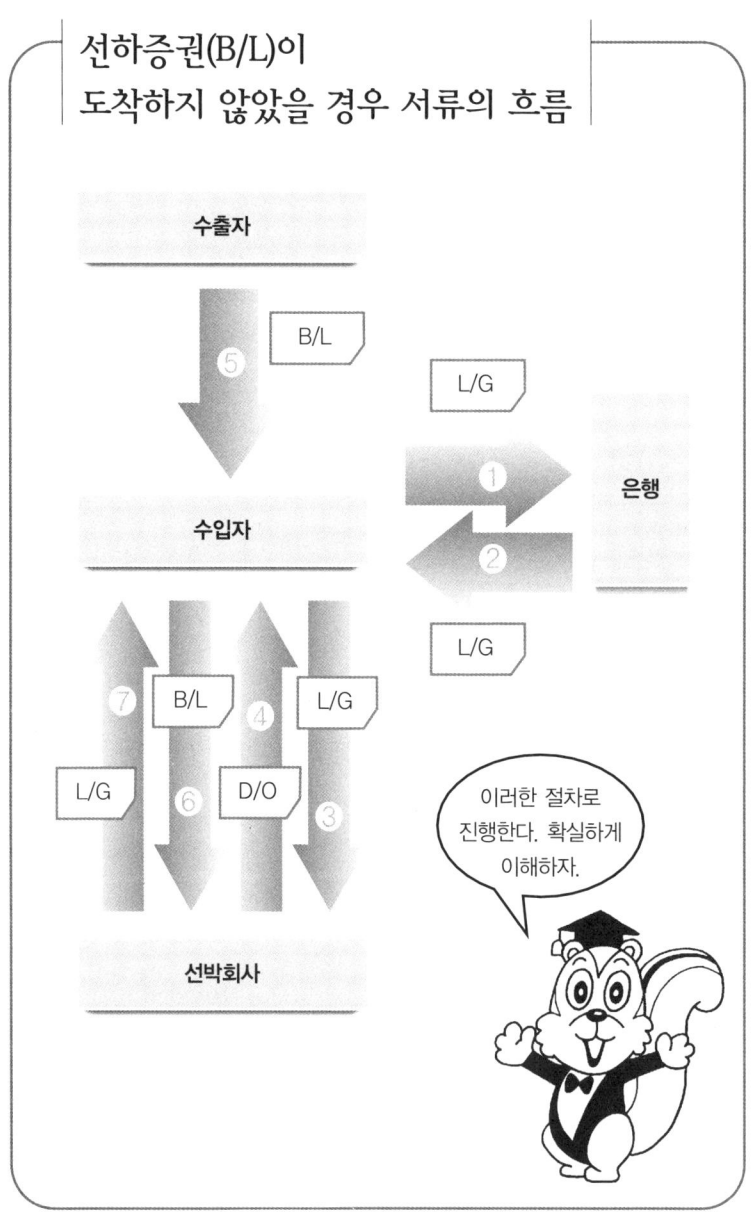

을 하여 수입자에게 되돌려준다.

③ 수입자는 수입화물을 수령하기 위해 은행이 연대보증한 L/G를 선하증권 대신 선박회사에 제출한다.

④ 선박회사는 L/G를 확인하고 화물의 인도를 지시하는 인도지시서(D/O)를 수입자에게 발행한다.

⑤ 수입자는 이 D/O를 지참함으로써 화물을 인수할 수 있다.

⑥ 수입자는 후일 선하증권을 수령하면 선박회사에 제출한다.

⑦ 선박회사는 선하증권을 제출받음으로써 수입자가 제출한 L/G를 수입자에게 되돌려준다.

⑧ 수입자는 L/G를 은행에 돌려주는 것으로 이 일련의 절차는 종료된다.

수입자에게 도착하는 서류의 흐름

> 수입자에게 도착하는 서류 중 선적통지(S/A)와
> 화물도착안내(A/N) 서류의 흐름을 확인하자.

 수입자에게 화물이 도착하기 전에 서류를 보내온다. 이들 서류에 의해 수입자는 화물의 도착날짜를 파악하고 수입통관 준비나 화물의 국내 배송 등을 준비한다.

① 수출자로부터 선적 완료 후 선적의 명세를 알리는 선적통지(S/A, Shipping Advice)를 받는다. 수입자는 선적통지를 받음으로써 계약한 수입품이 무사히 선적된 것을 알 수 있다. 더욱이 본선 입항예정일 등의 정보도 파악할 수 있다.
 선적통지(S/A)는 서류로 보내오는 경우도 있지만 최근에는 컴

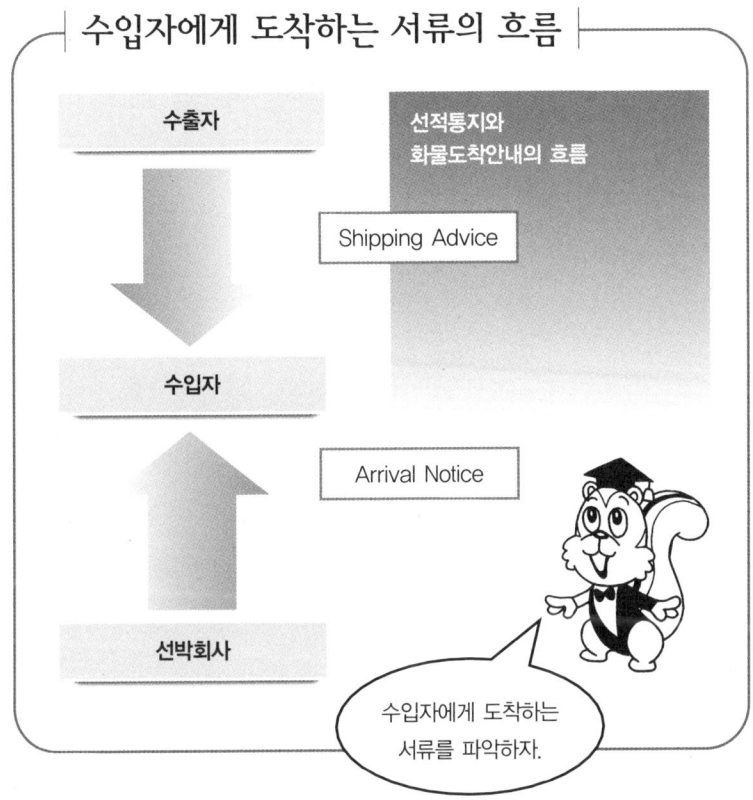

퓨터가 보급됨에 따라 이메일을 자주 이용하고 있다.

② 다음으로 선박회사에서 화물도착안내(A/N, Arrival Note)를 보내온다. 수입자는 이 서류에 의해 본선의 입항일을 확인할 수 있다. 더욱이 해상운임이나 제반비용(Charge)의 명세를 파악하는 것도 가능하다.

FCL Cargo의 흐름

컨테이너선의 선적에는 FCL과 LCL의 형태가 있다.
FCL Cargo의 흐름을 이해하자.

FCL Cargo의 흐름

① 수출자는 공장에서 선적을 위해 수출화물을 컨테이너에 싣는 작업을 준비한다. 해상화물 운송업자에게 의뢰하여 선박회사로부터 컨테이너를 공장에 수송한다.

② 공장에서는 생산된 수출화물을 컨테이너에 싣는다. 제3자의 검수인 또는 공장의 책임자가 화물의 수량이나 상태를 체크한다.

③ 화물이 실린 컨테이너는 선박회사가 지정한 컨테이너 야드(CY)로 운반된다.

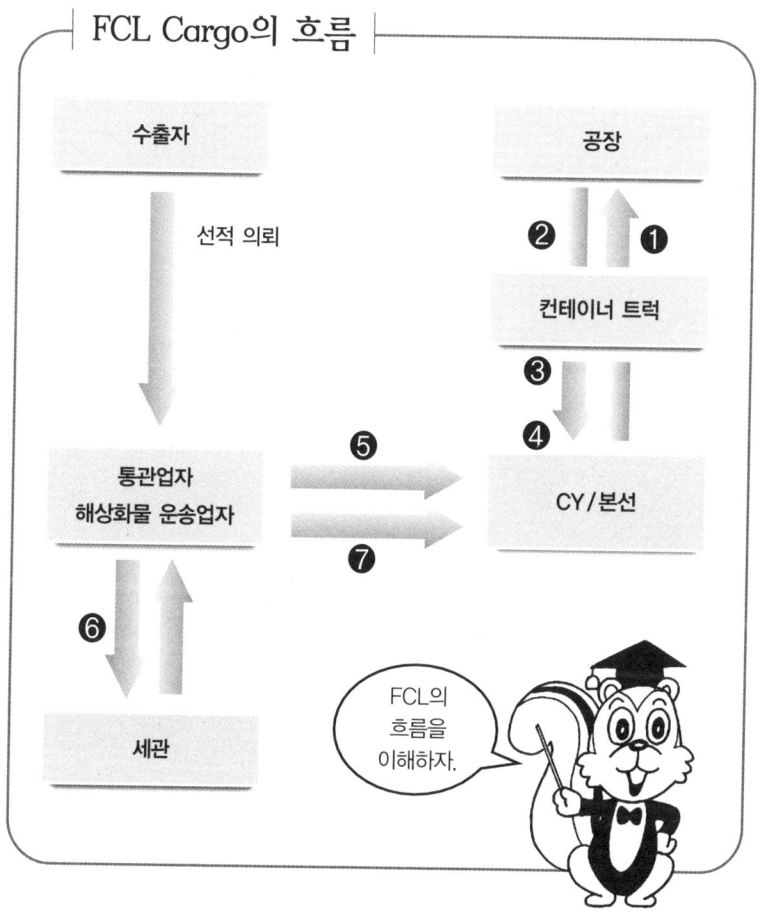

④ 컨테이너 야드에 반입되기 전에 게이트(컨테이너 야드의 입구)에서 컨테이너를 체크받는다.

⑤ 해상화물 운송업자는 선박회사와 연락하여 컨테이너 번호에 따라 컨테이너가 보세지역에 반입된 것을 확인한다.

⑥ 통관업자는 세관에 수출신고 수속을 하고, 수출허가를 받

는다.

⑦ 해상화물 운송업자는 화물수령서(D/R)와 컨테이너 명세서(Container Load Plan)를 작성하여 CY에 수출허가증과 함께 제출한다.

⑧ 컨테이너는 선박회사가 정한 본선에 실린다.

LCL Cargo의 흐름

LCL Cargo의 흐름을 이해하자.

① 수출자는 LCL Cargo의 선적을 준비한다. 공장에서 생산된 수출화물을 해상화물 운송업자의 창고로 운반한다.

② 수출자는 선적에 필요한 서류를 작성하고 통관·선적을 의뢰한다.

③ 해상화물 운송업자는 창고에 운반된 화물의 상태, 개수를 확인한다. 필요에 따라 포장하여 보세지역에 반입한다.

④ 통관업자는 수출신고서를 작성하여 세관에 수출신고 수속을 밟는다.

⑤ 세관에서는 내용을 심사한 후 수출허가서를 발행한다.

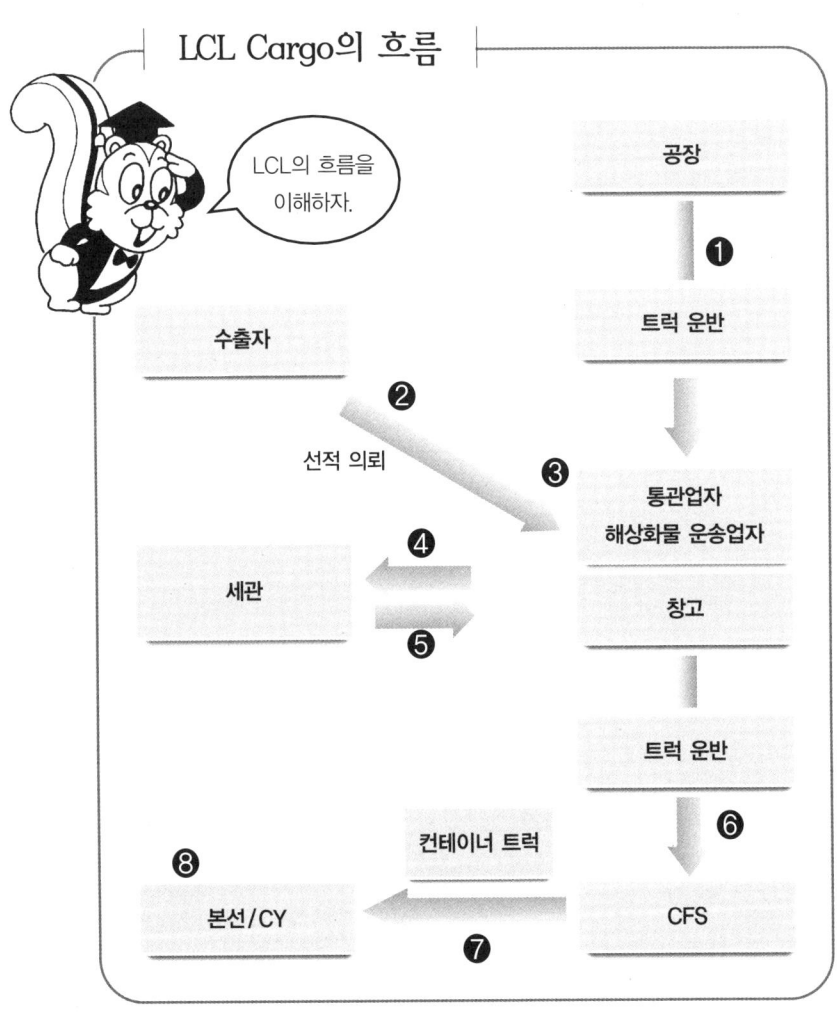

⑥ 해상화물 운송업자는 화물수령서(D/R)를 작성하고 수출허가증과 화물을 함께 컨테이너 플레이트 스테이션(CFS)으로 가져간다.

⑦ CFS에서는 가지고 온 화물의 수량이나 상태를 확인한다. 다음으로 CFS에서는 다른 하주(荷主)의 화물과 같이 컨테이너에 싣는다. 이처럼 CFS에서는 소량의 화물을 다른 하주의 화물과 혼재해 컨테이너 단위로 만든다.
⑧ 컨테이너 야드에서는 컨테이너를 본선에 싣는다.

LCL 화물의 경우 수출자는 해상화물 운송업자의 창고에 화물을 운반하지 않고, 수출자가 직접 선박회사 지정의 CFS에 화물을 반입하여 선적을 의뢰하는 방법도 있다.

수출화물의 흐름

수출화물의 흐름을 알아두자. 수출화물은 '어떻게 선적되는가'를 이해하는 것이 중요하다.

수출화물의 흐름과 포인트

① 수출되는 상품은 메이커의 공장에서 생산된다. 공장에서는 제품의 성능검사나 출하 확인을 하고 출하일정에 따라 해상화물 운송업자의 창고로 운송된다.

② 해상화물 운송업자의 창고에서는 상품의 수량이나 상태를 체크하고, 수출자의 지시에 따라 나무상자(Case)나 목재로 짠 상자(Crate) 등으로 수출포장을 한다. 그 후 시핑 마크(Shipping Mark)를 찍고, 해당 검정협회 등에 의해 화물의 중량이나 용적이 검량된다.

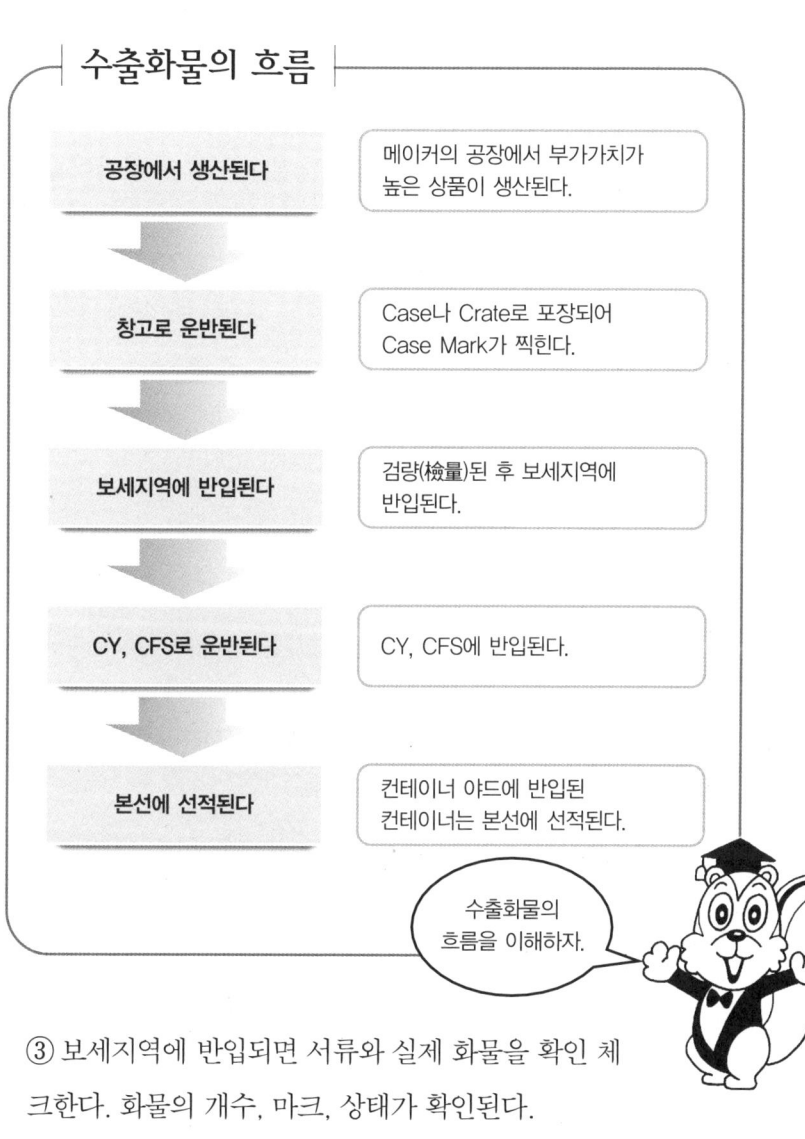

③ 보세지역에 반입되면 서류와 실제 화물을 확인 체크한다. 화물의 개수, 마크, 상태가 확인된다.

④ 수출신고 후 세관에서는 심사가 이루어진다. 세관으로부터 허가를 받으면 실질적인 선적수속이 시작된다.

⑤ 컨테이너는 선박회사에서 지정한 컨테이너 야드에 운반되고 갠트리 크레인 등의 기기를 사용하여 본선에 선적된다. 이처럼 공장에서 생산된 상품을 탑재한 본선은 해외 바이어를 향해 출항한다.

수입화물의 흐름

수입화물의 기본적인 흐름을 이해하는 것이 중요하다.

수입화물의 흐름과 포인트

① 수입상품을 탑재한 본선이 외국 항구를 출항하여 국내 항구에 도착한다. 본선이 도착하면 선박회사의 대리점에 의해 본선에서 내려진다. 하역속도는 컨테이너선의 출현으로 대폭 개선되었다. 물론 비가 오는 날에도 하역은 이루어진다.

② 본선에서 내려진 컨테이너는 해상화물 운송업자의 창고나 CFS로 보내지고, 컨테이너에서 화물을 꺼낸다.

③ 화물의 확인은 중요한 절차이다. 전문 검수인이 입회하고 화물의 개수, 상태, 형태 등을 체크한다. 화물의 상태에 문제가

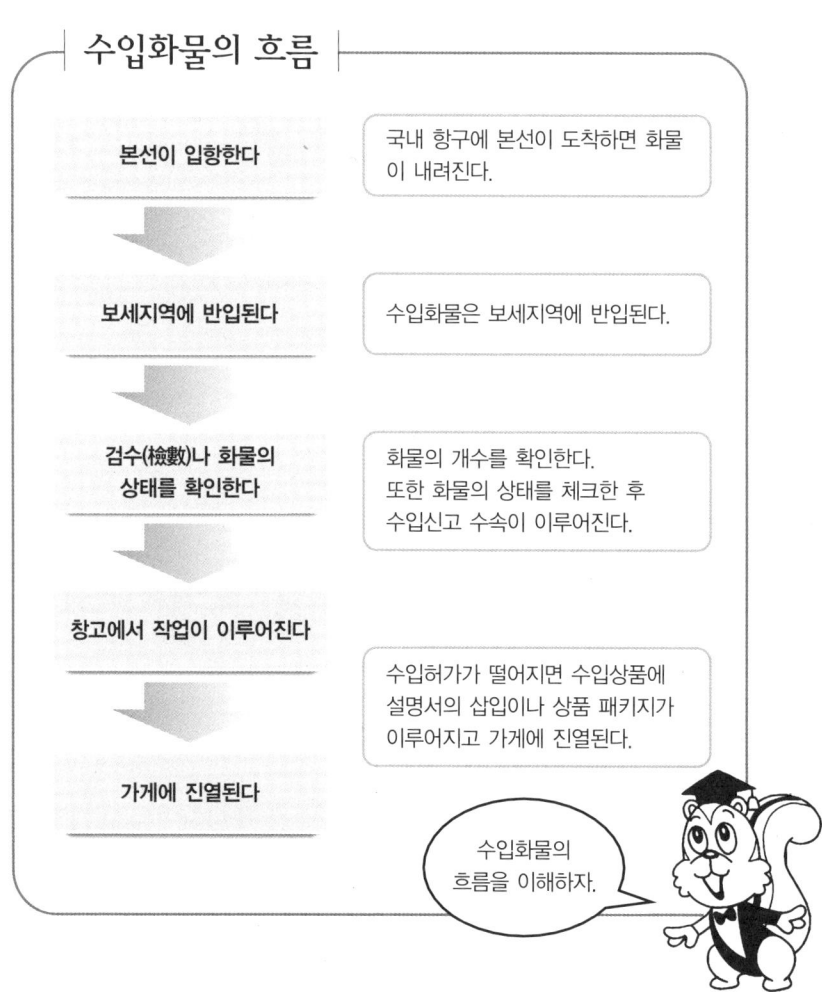

있을 경우 리마크(Remark)가 관련 시트에 기입된다. 수입화물도 보세지역에 반입하지 않으면 안 된다. 수입화물은 특히 개수의 과부족이나 손상이 발생하는 경우가 많기 때문에 주의 깊게 체크해야 한다.

④ 수입신고가 이루어진다. 세관검사에 따라 수입금지 제품 등이 포함되어 있지 않은지, 상품과 서류가 일치하는지를 주의 깊게 조사한다. 상품에 문제가 없을 경우 관세·부가가치세가 납부되면 수입허가가 떨어진다.

⑤ 수입허가가 떨어지면 국내에 유통되고 가게에 진열된다. 그 전에 수입상품에 여러 가지 작업이 첨가된다. 예를 들면 상품의 설명서를 삽입한다든가 새로운 상품 패키지로 바꾸어 넣는 일 등이다.

선적·하역에 관한 전문용어 ②

주의 마크(Caution Mark)
포장된 나무상자나 카톤(Carton)의 측면에 작업상 주의점을 표시한 문자나 간단한 그림.

허브(Hub)
물류 중추거점으로 중계기지로서의 역할을 한다. 환적이나 입하된 화물을 매각하는 등의 짐 처리가 이루어지는 장소.

정요일(定曜日) 서비스
선박회사가 각각의 항구에 본선을 배선(配船)할 때 입출항일을 고정해서 하는 서비스.

DDC(Destination Delivery Charge)
제반 비용의 하나로 발송지 항에 도착한 컨테이너를 컨테이너 야드의 지정된 곳까지 운반하는 비용.

항해번호(Voyage Number)
선박이 항해할 때 붙여지는 스케줄 번호.

제조물 책임(Product Liability)
소비자가 제품의 결함에 의해 피해를 봤을 때 그 제품 제조업자의 과실로 배상책임을 지우는 제도.

3장
수출입 서류

서류를 이해하자

 3장에서는 무역서류와 관련해 설명한다. 무역실무자는 서류를 이해하고 정확하게 서류를 작성하는 것이 중요하다.

 서류를 이해하기 위해서는 실제로 비즈니스에서 사용되고 있는 서류를 직접 보는 것이 좋다. 무역서류에는 어떠한 것이 있는지 확인해두자.

 이 장에서는 무역실무자에게 꼭 필요한 지식이라 할 수 있는 신용장을 중심으로 서류를 소개하고 있다. 신용장의 내용에 따라 각각의 서류가 작성된다.

 우선 이 장에 등장하는 서류의 근간이 되는 내용을 이해하자.

 도쿄(東京) 신바시(新橋)에 본사를 둔 도쿄상사(Tokyo Trading Co., Ltd.)가 미국 샌프란시스코에 있는 슈퍼 코퍼레이션(Super

Corporation)과 수출계약을 체결하였다.

　상품은 미국에서도 인기가 있는 가라오케 제품이다. 이번에는 가라오케용 앰프와 스피커를 수출하게 되었다. 도쿄상사는 수입자인 슈퍼 코퍼레이션에 신용장 개설을 의뢰하여 신용장을 수령하였다.

　도쿄상사는 신속히 신용장의 내용을 확인하고 선적·통관 준비를 하였다. 선적을 완료하고 매입에 필요한 서류를 작성하여 대금을 회수하였다.

계약 내용을 확인하자

수출자 : TOKYO TRADING CO., LTD.
　　　　1-2-3, SHINBASHI MINATO-KU, TOKYO,
　　　　JAPAN

수입자 : SUPER CORPORATION
　　　　222 WESTSTREET SOUTH SANFRANCISCO,
　　　　CA 94080

상　품 : KARAOKE AMPLIFIER
　　　　MODEL : MK-47
　　　　KARAOKE SPEAKER
　　　　MODEL : MK-48

결제조건 : 신용장
신용장 번호 : A-414
신용장 금액 : US$90,000.00

발행은행 : THE BANK OF SAN FRANCISCO INC.

본선명 : NYK STARLIGHT
출항일 : 2003년 5월 25일

신용장을 읽을 때

수출자는 신용장을 이해하는 것이 대단히 중요하다. 신용장에는 다음 페이지에 있는 서식에 따른 신용장과 140페이지에서와 같이 풀 케이블(Full Cable)에 따른 신용장이 있다.

신용장을 읽을 때는 우선 기본적인 용어를 이해해야 한다. 쉬운 영어단어이므로 이 기본용어를 이해하는 것부터 시작하자.

신용장의 기본용어

Irrevocable Letter of Credit	취소불능신용장
Issuing Bank, Opening Bank	발행은행, 개설은행
Advising Bank	통지은행
Beneficiary	수익자(통상 수출자)
Applicant	신청자(신용장의 개설의뢰인)

개설은행 이름

IRREVOCABLE LETTER OF CREDIT

NO. 신용장 번호

Issuing Bank 개설은행	Advising Bank 통지은행
Beneficiary 수익자	Applicant 신청자
Amount 금액	Date of Issue 개설일
Shipment 선적 from Partial Shipment 분할선적	To Transshipment 환적
Date of Expiry 유효기한	Latest Shipment 선적기한

요구할 서류에 관해 기재한다

신용장 통일규칙 채택문언

Amount	신용장 금액
Date of Issue	신용장의 개설일(발행일)
Shipment	선적
Partial Shipment	분할선적
Transshipment	환적
Date of Expiry	신용장의 유효기한
Latest Shipment	선적기한
Credit No.	신용장 번호

> 신용장에 기재되는 기본용어를 반드시 기억하자.

영문의 신용장을 읽기 시작하면 우선 183페이지에 있는 관계구도를 머릿속에 그려두자. 그리고 다음의 포인트를 파악하자.

- 관계당사자
- 기한 등의 날짜
- 신용장 번호

신용장(Letter of Credit)

THE BANK OF SAN FRANCISCO INC

IRREVOCABLE DOCUMENTARY CREDIT
DATE MAY 1. 2003
IRREVOCABLE DOCUMENTARY CREDIT NUMBER : A-414
BENEFICIARY :
TOKYO TRADING CO., LTD.
1-2-3 SHINBASHI MINATO-KU, TOKYO, JAPAN
APPLICANT :
SUPER CORPORATION
222 WESTSTREET SOUTH SAN FRANCISCO, CA 94080
ADVISING BANK :
SATSUKI BANK CO., LTD.

AMOUNT :
USD90,000.00

NINETY THOUSAND U.S.DOLLARS ONLY

EXPIRY : JUNE 30, 2003

DEAR SIRS,
WE HEREBY ESTABLISH OUR IRREVOCABLE LETTER OF CREDIT NUMBER A-414 AVAILABLE WITH ANY BANK IN JAPAN BY NEGOTIATION, AGAINST PRESENTATION OF DRAFT AT SIGHT, FOR 100 PERCENT COMMERCIAL INVOICE VALUE, DRAWN ON US.

ACCOMPANIED BY :
— COMMERCIAL INVOICE IN TRIPLICATE INDICATING LETTER OF CREDIT NUMBER DESCRIBING THE MERCHANDISE AS : KARAOKE AMPLIFIER, KARAOKE SPEAKER

— FULL SET OF CLEAN ON BOARD BILL OF LADING MADE OUT TO ORDER AND BLANK ENDORSED FREIGHT PREPAID AND NOTIFY APPLICANT EVIDENCING SHIPMENT FROM JAPAN TO SAN FRANCISCO NOT LATER THAN JUNE 15, 2003

— PACKING LIST IN DUPLICATE

PARTIAL SHIPMENT : ALLOWED
TRANSSHIPMENT : NOT ALLOWED

MARINE INSURANCE POLICY IN DUPLICATE
ENDORSED IN BLANK FOR 110% OF INVOICE VALUE
COVERING ALL RISKS INCLUDING WAR RISKS AND S.R.C.C.

INSURANCE TO BE COVERED BY BENEFICIARY

DOCUMENTS MUST BE PRESENTED WITHIN 15 DAYS AFTER SHIPMENT BUT WITHIN VALIDITY OF THE CREDIT

ALL BANKING CHARGE OTHER THAN THOSE THE ISSUING BANK ARE FOR THE ACCOUNT OF THE BENEFICIARY.
THE ACCOUNT OF EACH DRAFT MUST BE ENDORSED ON THE REVERSE OF THIS DOCUMENTARY CREDIT BY THE NEGOTIATION BANK.

THIS DOCUMENTARY CREDIT IS SUBJECT TO THE "UNIFORM CUSTOMS AND PRACTICE FOR DOCUMENTARY CREDITS" (1993 REVISION) INTERNATIONAL CHAMBER OF COMMERCE PUBLICATION NO. 500

신용장의 번역과 설명

THE BANK OF SAN FRANCISCO INC.

IRREVOCABLE DOCUMENTARY CREDIT

DATE : MAY 1, 2003

IRREVOCABLE DOCUMENTARY CREDIT NUMBER : A-414

BENEFICIARY :
TOKYO TRADING CO., LTD.
1-2-3 SHINBASHI MAINATO-KU, TOKYO, JAPAN

APPLICANT :
SUPER CORPORATION
222 WESTSTREET SOUTH SAN FRANCISCO, CA 94080

ADVISING BANK

SATSUKI BANK CO., LTD.

AMOUNT :

USD90,000.00

NINETY THOUSAND U.S.DOLLARS ONLY

EXPIRY : JUNE 30, 2003

번역

샌프란시스코은행

취소불능신용장

신용장 개설일 : 2003년 5월 1일

취소불능신용장 번호 : A-414

수익자 : 도쿄상사주식회사
  　　　일본 도쿄도 미나토구 신바시 1-2-3

신용장 개설의뢰인 : 슈퍼 코퍼레이션

신용장 금액 : US$90,000.00

통지은행 : 사츠키은행

유효기한 : 2003년 6월 30일

신용장의 첫부분이다. 이 신용장은 풀 케이블(Full Cable)로 보내온 것이다.

이번에는 풀 케이블 신용장을 예로 들어 설명한다.

신용장을 수령하면 읽기 전에 확인해야 할 체크포인트가 있다. 신용장의 번호는 그 이후 서류를 작성할 때 사용하기 때문에 확실히 기억해두자. 신용장 금액은 계약서 등과 확인하고, 만일 금액에 차이가 있을 경우에는 즉시 변경(Amend)를 요구하자.

Point

① 수익자 명칭이나 주소가 정확하게 기재되어 있는지 확인하자.
② 신용장 개설의뢰인의 명칭과 주소는 정확한지 확인하자.
③ 신용장의 개설일과 신용장 번호는 확실하게 기록하자.

DEAR SIRS,

WE HEREBY ESTABLISH OUR IRREVOCABLE LETTER OF CREDIT NUMBER A-414 WHICH IS AVAILABLE WITH ANY BANK IN JAPAN BY NEGOTIATION, AGAINST PRESENTATION OF DRAFT AT SIGHT, FOR 100 PERCENT OF COMMERCIAL INVOICE VALUE, DRAWN ON US.

ACCOMPANIED BY :
— COMMERCIAL INVOICE IN TRIPLICATE INDICATING LETTER OF CREDIT NUMBER DESCRIBING THE MERCHANDISE AS :
KARAOKE AMPLIFIER, KARAOKE SPEAKER

번역

당행은 취소불능신용장 NO. A-414를 개설한다. 이 신용장은 상업송장 금액 전액에 대해 다음의 서류를 첨부하여 당행을 수취인으로 발행된 일람불어음의 매입에 관해서는 일본의 어느 은행에서도 가능하다.

KARAOKE AMPLIFIER, KARAOKE SPEAKER로 상품명이 기재되어 있고 신용장 번호가 명기되어 있는 상업송장 3부

수출자는 어음매입을 의뢰할 때 지시대로 환어음을 작성해야 한다. 신용장의 기재내용을 보면 알 수 있지만 'DRAWN ON US'라고 표시되어 있다. US는 당행, 다시 말해 개설은행을 의미한다. 그렇기 때문에 개설은행을 수취인으로 한 환어음을 작성하게 된다.

상업송장에 관한 설명이다. 상업송장의 필요 부수는 3부이다.

상품명세는 신용장에 명기되어 있는 대로 KARAOKE AMPLIFIER, KARAOKE SPEAKER로 기재한다. 수출자는 환어음, 상업송장 이외에도 다음의 서류를 갖추어야 한다.

> **Point**
> ① 어음의 수취인을 어떻게 표시하는지 확인할 것.
> ② 상업송장에 기재하는 상품명세의 문언을 확인할 것.

— FULL SET OF CLEAN ON BOARD BILL OF LADING MADE OUT TO ORDER AND BLANK ENDORSED FREIGHT PREPAID AND NOTIFY APPLICANT EVIDENCING SHIPMENT FROM JAPAN TO SAN FRANCISCO NOT LATER THAN JUNE 15, 2003

— PACKING LIST IN DUPLICATE
PARTIAL SHIPMENT : ALLOWED
TRANSSHIPMENT : NOT ALLOWED

> **번역**
>
> 백지 이서가 되어 있고, 도착을 통지받을 통지처로서 신용장의 개설의뢰인 상호(명칭), 주소가 표시되어 있고, 운임 선불이라 쓰여 있으며, 늦어도 2003년 6월 15일까지 샌프란시스코를 향해 일본에서 선적한 것이 증명되어 있는 수출자의 지도인식(213페이지 참조)으로 작성된 클린 온 보드 선하증권(무고장 선하증권) 원본 3부.
>
> - 포장명세서 2부
> - 분할선적 : 허용
> - 환적 : 불허

선하증권에 관한 설명이다.

수출자는 신용장에서 요구하는 선하증권을 준비한다.

MADE OUT TO ORDER라고 표시되어 있지만, 이는 선하증권의 수하인(受荷人, Consignee)란에 TO ORDER라고 기재한 지도인식 선하증권을 요구하고 있다. 은행에 제출할 때 수출자는 백지 이서를 한다. 선하증권에서 FULL SET란 통상 3부이다.

포장명세서는 2부가 필요하다. 신용장의 유효기한이 명기되어 있기 때문에 반드시 기한 내에 매입업무를 해야 한다.

> **Point**
> ① 어떠한 선하증권이 요구되고 있는지 확인한다.
> ② 신용장의 유효기한을 확실하게 파악한다.

MARINE INSURANCE POLICY IN DUPLICATE
ENDORSED IN BLANK FOR 110% OF INVOICE VALUE
COVERING ALL RISKS INCLUDING WAR RISKS AND S.R.C.C.

INSURANCE TO BE COVERED BY BENEFICIARY

> **번역**
> 해상보험증권의 백지 이서된 것 2부, 단 전쟁 위험, 동맹파업 위험을 특약한 전위험담보조건의 것으로 보험금액은 인보이스 금액의 110%로 한다.
> 보험은 수익자가 부담한다.

해상보험에 관한 설명이다.

보험금액은 인보이스(송장) 금액의 110%로 되어 있다. 보험증권을 수령하면 보험금액을 반드시 확인하자. 보험조건은 ALL RISKS이다. ICC(A)라고 표시되어 있는 경우도 있으므로 주의하자.

> **Point**
> ① 해상보험의 종류와 조건을 확인한다.
> ② 해상보험증권의 날짜에도 주의가 필요하다.

DOCUMENTS MUST BE PRESENTED WITHIN 15 DAYS AFTER SHIPMENT BUT WITHIN VALIDITY OF THE CREDIT

ALL BANKING CHARGE OTHER THAN THOSE THE ISSUING BANK ARE FOR THE ACCOUNT OF THE BENEFICIARY.
THE AMOUNT OF EACH DRAFT MUST BE ENDORSED ON THE REVERSE OF THIS DOCUMENTARY CREDIT BY THE NEGOTIATION BANK.

> **번역**
> 선적서류는 선적 후 15일 이내에, 그리고 신용장의 유효기한 이내에 제출되어야 한다.
> 개설은행 이외의 모든 은행의 제반비용은 수익자가 부담해야 한다. 각 어음의 금액은 매입은행에 의해 이 신용장의 이면에 이서되어야 한다.

이번 신용장 조건에서 선적서류의 제시는 B/L Date로부터 15일 이내에 제출해야 한다고 되어 있다. 그리고 이는 신용장의 유효기한 내가 되어야 한다.

제반비용에 관해서 기재하고 있다. 이번 신용장 조건에서는 개설은행 이외의 모든 은행의 제반경비는 수익자 부담으로 되어 있다.

> **Point**
> ① 선적서류의 제출일은 언제까지인지 확실하게 파악해둘 것.
> ② 은행의 제반비용은 어느 측의 부담으로 하고 있는지 확인한다.

THIS DOCUMENTARY CREDIT IS SUBJECT TO THE "UNIFORM CUSTOMS AND PRACTICE FOR DOCUMENTARY CREDITS" (1993 REVISION) INTERNATIONAL CHAMBER OF COMMERCE PUBLICATION NO. 500

> **번역**
> 이 신용장은 '신용장 통일규칙'(1993년 개정), 국제상업회의소 퍼블릭케이션 No. 500을 준거로 한다.

이는 신용장 통일규칙 채택문언이라는 것으로, 이번 신용장은 '신용장 통일규칙'에 따른다는 점을 명기하고 있다.

신용장 통일규칙은 국제상업회의소(ICC, International Chamber of Commerce)가 제정한 것으로, 신용장의 취급이나 이해가 국가에 따라서 다르면 여러 가지 문제가 발생하기 때문에 1933년에 제정한 '화물환어음 신용장에 관한 통일규칙 및 관례'이다. 그 후 1951년, 1962년, 1974년, 1983년에 개정되었다. 그리고 다시 1993년에 개정되었으며, 본서에 이용되고 있는 신용장에는 1993년, Publication No. 500이라는 문구가 들어가 있다.

> **Point**
> ① 신용장 통일규칙 채택문언이 있는지 확인하자.
> ② 몇 년도에 개정된 것을 채택하고 있는지 확인하자.

신용장 통일규칙의 개정

신용장 통일규칙(UCP, Uniform Customs and Practice for Documentary Credit), 국제상업회의소(ICC) 퍼블릭케이션 No. 500을 무역 현장에서는 UCP500이라고도 한다. 이 UCP500이 2007년에 개정되었다. 그 개정판이 ICC Publication No. 600(UCP600)이며, 같은 해 7월 1일부터 이용되고 있다. UCP600은 UCP500의 49조에서 39조로 축소되었고, 시간계산기준 제시, 제2통지은행, 취소가능신용장 관련 규정 삭제 등과 같은 주요항목이 개정되었다. 신용장 통일규칙은 개정 이전의 것도 이용되고 있으므로 신용장을 받으면 반드시 몇 년도에 개정된 UCP를 채택하고 있는지 확인해야 한다. 무역실무자라면 UCP600 해설서를 입수하여 공부해두면 실무에 도움이 될 것이다.

인보이스(Invoice)

수출자는 수입자 앞으로 된 인보이스를 작성한다. 인보이스에는 금액을 정확하게 기재하는 것이 중요하다.

수출자는 선적·통관을 전문업자에게 의뢰한다. 수출자는 먼저 선적·통관을 의뢰할 때 인보이스(Invoice)를 작성한다. 인보이스는 수출자가 작성하는 서류로서 다음과 같은 의미가 있다.
- 수출하는 화물의 명세를 나타내는 명세서
- 수출자가 수입자에게 요구하는 대금의 청구서
- 수출하는 화물의 납품서

인보이스의 내용을 확인하자.

TOKYO TRADING CO., LTD.

1-2-3 SHINBASHI MINATO-KU, TOKYO JAPAN

INVOICE

Invoice No. 20026　　　　　　　　Date : MAY 15, 2003
Sold to : SUPER CORPORATION
　　　　　222 WESTSTREET SOUTH SAN FRANCISCO,
　　　　　CA 94080
Shipped per : "NYK STARLIGHT" V. 04E21
　　　　　　　SAIL ON MAY 26, 2003
Shipped from : TOKYO, JAPAN　　to SAN FRANCISCO
Trade Term : CIF SAN FRANCISCO
Letter of Credit No. : A-414 Issued by
　　　　　　THE BANK OF SAN FRANCISCO INC
===

Case Marks & Numbers	Description of Goods	Quantity	Unit Price	Amount
				CIF SAN FRANCISCO
	KARAOKE AMPLIFIER			
	MODEL : MK-47	300PCS	US $ 250.00	US $ 75,000.00
	KARAOKE SPEAKER			
	MODEL : MK-48	300PCS	US $ 50.00	US $ 15,000.00
TOTAL :		600PCS		US $ 90,000.00

****

《CASE MARK》

　　　SUPER
SAN FRANCISCO
C/NO.1-600　　　　　　　　TOKYO TRADING CO., LTD.
MADE IN JAPAN

　　　　　　　　　　　　　　　　　　　M. KIMURA

또한 수출자는 선적 종료 후 은행에 매입을 의뢰할 경우에도 인보이스를 작성한다.

수출자는 신용장 조건의 경우 신용장의 내용을 충분히 확인하고 L/C에서 요구하는 인보이스를 작성해야 한다.

인보이스를 작성할 때의 주의점
① 상품의 명세(Description)는 L/C에 표시되어 있는 명세와 일치시킨다.
② 신용장 번호(L/C No.)의 기재를 요구할 경우에는 반드시 기입한다.
③ 인보이스 금액이 신용장 금액을 초과하지 않는지 체크한다. 통화의 표시도 확인하자.
④ 결제조건을 확인한다.
⑤ 단가를 확인한 후 합계 금액을 다시 한 번 체크한다.

포장명세서(Packing List)

포장명세서는 화물의 명세를 기입한 서류이다.

포장명세서(P/L, Packing List)는 선적서류의 하나이다. 케이스 마크(Case Mark)를 기재하고 화물의 명세를 기입한 서류이다.

주의할 점은 Case나 Crate로 포장할 경우 각각의 내역, 포장 속의 수량을 정확하게 표시할 필요가 있다. 포장명세서의 번호는 통상 Invoice No.를 사용한다.

포장명세서의 내용을 확인하자.

TOKYO TRADING CO., LTD.

1-2-3 SHINBASHI MINATO-KU, TOKYO JAPAN

PACKING LIST

Invoice No. 20026   Date : MAY 15, 2003
Sold to : SUPER CORPORATION
    222 WESTSTREET SOUTH SAN FRANCISCO,
    CA 94080
Shipped per : "NYK STARLIGHT" V. 04E21
    SAIL ON MAY 26, 2003
Shipped from : TOKYO, JAPAN   to SAN FRANCISCO

===

Case Marks   Description of Goods   Quantity   Weight
& Numbers

KARAOKE AMPLIFIER
  C/NO.1-300
  MODEL : MK-47   300 CARTONS(300 PCS)   @13.0kgs

KARAOKE SPEAKER
  C/NO.301-600
  MODEL : MK-48   300 CARTONS(300PCS)   @19.0kgs

TOTAL : 600 CARTONS (600PCS)

(CASE MARK)

SUPER
SAN FRANCISCO   TOKYO TRADING CO., LTD.
C/NO.1-600
MADE IN JAPAN   M.KIMURA

> **Point**

Case Mark 기입 예

SUPER ────────▶	메인 마크(Main Mark)
SAN FRANCISCO ────▶	포트 마크(Port Mark)
C/NO. 1-600 ──────▶	케이스 번호
MADE IN JAPAN ────▶	원산지 표시

주의 마크

HANDLE WITH CARE	취급주의
THIS SIDE UP	이 면을 위로 할 것
KEEP DRY	누수주의

선하증권(Bill of Lading)

선하증권(B/L)에 기재된 내용을 이해하자.

선적이 완료되면 선박회사는 선하증권(B/L, Bill of Lading)을 작성하여 수출자에게 교부한다. 수출자는 선하증권을 수령하면 수출대금의 회수업무를 시작한다. 선하증권은 무역서류 중에서 가장 중요한 서류이다.

선하증권에는 다음과 같은 성격이 있다.
- 선박회사가 받은 것을 증명하는 화물수취서
- 선박회사가 운송한다는 것을 증명하는 운송계약서
- 선하증권의 소지인이 화물의 인도를 요구할 수 있는 권리증권

Shipper		
TOKYO TRADING CO., LTD. 1-2-3 SHINBASHI MINATO-KU, TOKYO JAPAN	B/L NO.	

XYZ Line

Consignee
TO ORDER

Notify Party
SUPER CORPORATION 222 WESTSTREET SOUTH SAN FRANCISCO, CA 94080

BILL OF LADING

Pre-carriage by	Place of Receipt
	TOKYO CY

Vessel	Voy. No.	Port of Loading
NYK STARLIGHT V.04E21		TOKYO, JAPAN

Port of Discharge	Place of Delivery	Final Destination (Merchant's reference only)
SAN FRANCISCO	SAN FRANCISCO CY	

Container No. Seal No. Marks and Numbers	No. of Containers or Pkgs	Kind of Packages; Description of Goods	Gross Weight	Measurement
NYKU XXXXXXX NYK XXXXX SUPER SAN FRANCISCO C/NO.1-600 MADE IN JAPAN	 600 CARTONS	"SHIPPER'S LOAD & COUNT" "SAID TO CONTAIN" KARAOKE AMPLIFIER, KARAOKE SPEAKER ********************************* L/C NO.A-414 FREIGHT PREPAID	 9,900 KGS	 26.000M3

Total number of Containers or other Packages or Units (in words)	ONE(1) CONTAINER ONLY.

Merchant's Declared Value (See Clauses 18 & 23):	Note: The Merchant's attention is called to the fact that according to Clauses 18 & 23 of this Bill of Lading the liability of the Carrier is, in most cases, limited in respect of loss of or damage to the Goods

Freight and Charges	Revenue Tons	Rate	Per	Prepaid	Collect

Exchange Rate	Prepaid at TOKYO, JAPAN	Payable at	Place and Date of Issue TOKYO, JAPAN
	Total Prepaid in Local Currency	No. of Original B(s)/L THREE(3)	

Vessel	Laden on Board the Vessel Date	
Port of Loading	By	

- 선하증권의 이서(裏書)에 의해 다른 사람(회사)에 전매할 수 있는 유가증권

수출자는 선박회사로부터 수령한 선하증권을 충분히 확인하고, 신용장 거래의 경우는 신용장에서 요구하는 조건과 일치하는지 확인한다.

B/L에 기재되는 사항
- 수출자명
- B/L No.
- 선명
- 상품명세
- 총 중량
- 해상운임
- 수하인(受荷人)
- 화물도착 통지처
- 케이스 마크
- 운임(선불)
- 총 용적
- B/L 원본 발행부수

선하증권의 Full Set란 통상 3부이므로, 특별한 지시가 없는 한 선박회사로부터 3부를 발행해 받는다.

선적통지(Shipping Advice)

선적통지(S/A)의 내용을 확인하자.

수출자는 선적이 종료되면 즉시 수입자에게 선적이 무사히 완료되었다는 것을 알려준다. 이것을 선적통지(S/A, Shipping Advice)라 말하며, 판매자의 의무가 되고 있다.

다음 페이지의 양식은 수출자인 TOKYO TRADING CO., LTD.가 2003년 5월 26일에 수출상품을 탑재한 본선 'NYK STARLIGHT'가 도쿄항에서 출항했음을 확인한 후, 수입자에게 선적통지를 작성한 예이다.

수출자는 선적명세를 수입자에게 정확하게 전해야 한다. 선적

TOKYO TRADING CO., LTD.

SHIPPING ADVICE

DATE MAY 26, 2003

SUPER CORPORATION
222 WESTSTREET SOUTH SAN FRANCISCO,
CA 94080

GENTLEMEN :
   SHIPPING ADVICE FOR KARAOKE AMPLIFIER, SPEAKER

WE ARE PLEASED TO INFORM YOU THAT WE HAVE SHIPPED YOUR ORDER AS FOLLOWS :

NAME OF VESSEL	NYK STARLIGHT V. 04E21
ETD	MAY 26, 2003
PORT OF LOADING	TOKYO, JAPAN
ETA	JUNE 6, 2003
PORT OF DISCHARGE	SAN FRANCISCO
NUMBER OF PKG	600 CARTONS (20F×1 CONTAINER)

WE TRUST THAT THIS SHIPMENT WILL REACH YOU IN GOOD ORDER.

                    YOURS FAITHFULLY,
                         TOKYO TRADING CO., LTD.

통지에 기재해야 하는 내용은 상품명, 수량, 본선명, 출항일, 입항예정일, 선적항, 화물 양륙항, 선하증권 번호, 주문번호 등이다.

수출자는 선적통지를 발송할 때 수입자 앞으로 인보이스나 포장명세서(Packing List), 선하증권의 복사본 등을 동봉하는 경우도 있다.

단, 복수의 바이어에게 서류를 송부할 경우에는 주의가 필요하다. 비즈니스이기 때문에 바이어에 따라서는 가격이 다른 경우가 있다. 부주의한 취급으로 문제가 발생하지 않도록 해야 한다. 최근에는 선적통지를 이메일로 작성하여 보내는 경우가 많다.

환어음(Bill of Exchange)

환어음(B/E)은 수출자가 매입업무를 할 때 작성하는 중요한 서류이다.

수출자는 선적 종료 후 수출대금의 회수업무에 착수한다. 수출자는 환어음(B/E, Bill of Exchange)을 작성하여 매입서류를 준비한다.

신용장 거래의 경우는 L/C와 대조하여 거기에 맞추어서 환어음을 완벽하게 작성해야 한다. 주의할 점은 환어음은 반드시 동일한 내용의 것을 2통(제1권과 제2권) 작성한다.

제1권(the First Bill of Exchange)에는 선적서류의 정본을 첨부하고, 제2권(the Second Bill of Exchange)에는 선적서류의 부본을 첨부해 은행에 제출한다. 환어음은 오타가 허용되지 않으므로

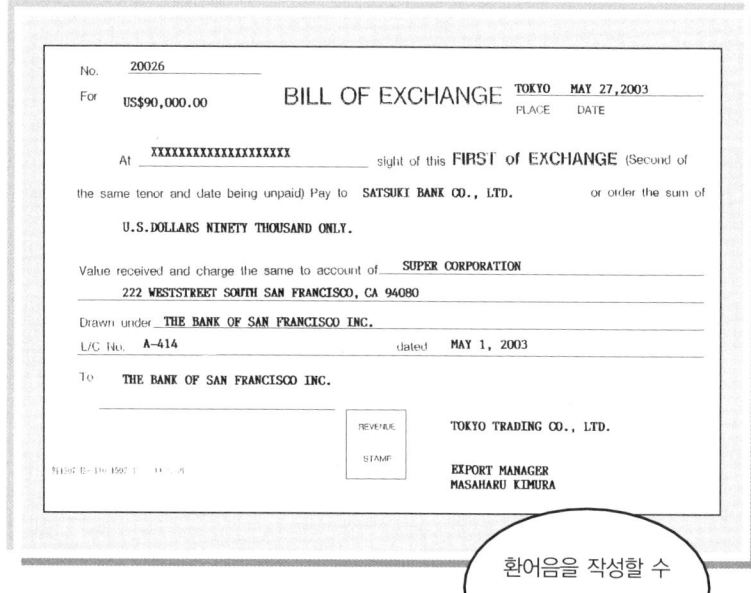

신중하게 작성해야 한다.

환어음에 기재해야 할 사항

- 어음번호
- 어음발행지
- 지불기일
- 수입자명
- 신용장 번호
- 수취인

- 어음금액
- 어음발행일
- 어음금액 수취인
- 신용장 발행은행명
- 신용장 발행일
- 발행인

신용장에 따른 서류

신용장을 바탕으로 인보이스를 작성하자

주의점

수출자는 신용장의 내용을 확인하고 인보이스를 작성한다. 작성할 때의 포인트를 확인하자.

① 상품명세의 표현에 관해서

인보이스에 상품명세를 기입할 때는 신용장에 명기되어 있는 Description을 확인하고 신용장의 문언대로 표현하는 것이 중요하다. 신용장에는 DESCRIBING THE MERCHANDISE AS : KARAOKE AMPLIFIER, KARAOKE SPEAKER로 표시되어 있다. 이 문언대로 표시한다.

신용장에 따라 인보이스를 작성

COMMERCIAL INVOICE IN TRIPLICATE
INDICATING **LETTER OF CREDIT NUMBER**
DESCRIBING
THE MERCHANDISE AS : **KARAOKE AMPLIFIER,
KARAOKE SPEAKER**

인보이스

```
              TOKYO  TRADING  CO., LTD.
              1-2-3 SHINBASHI MINATO-KU, TOKYO JAPAN
                         INVOICE

Invoice No. 20026                    Date : MAY 15, 2003
Sold  to : SUPER  CORPORATION
           222  WESTSTREET  SOUTH  SAN  FRANCISCO,
           CA 94080
Shipped  per :   "NYK  STARLIGHT"   V. 04E21
                 SAIL ON MAY 26, 2003
Shipped  from :  TOKYO, JAPAN        to  SAN  FRANCISCO
Trade  Term :    CIF SAN FRANCISCO
Letter  of  Credit  No. :   A-414  Issued  by
                            THE  BANK  OF  SAN  FRANCISCO INC
========================================================
Case  Marks    Description of Goods   Quantity   Unit         Amount
& Numbers                                        Price
                                                 CIF  SAN  FRANCISCO
KARAOKE  AMPLIFIER
    MODEL  :  MK-47        300PCS     US $ 250.00   US $ 75,000.00
KARAOKE  SPEAKER
    MODEL  :  MK-48        300PCS     US $ 50.00    US $ 15,000.00

TOTAL :                    600PCS                   US $ 90,000.00
****************************************************************

《CASE  MARK》
         SUPER
     SAN  FRANCISCO
     C/NO.1-600                  TOKYO TRADING CO., LTD.
     MADE  IN  JAPAN

                                           M  KIMURA
```

② L/C NO.

신용장에는 INDICATING LETTER OF CREDIT NUMBER로 표시되어 있다. 인보이스에 신용장 번호인 A-414라고 반드시 기재한다.

③ 필요 부수

신용장에는 COMMERCIAL INVOICE IN TRIPLICATE라고 표현되어 있다. 수출자는 은행에 매입을 의뢰할 때 인보이스를 3부 작성해야 한다.

④ 기타 주의사항

인보이스 금액이 신용장의 금액을 넘지 않는지, 통화단위는 맞는지, 금액의 표시는 정확한지, 결제조건은 정확한지 등에 대해 주의해야 한다. 더욱이 신용장에 따라서는 인보이스에 여러 가지 조건을 요구하는 경우가 있으므로 요구사항을 확인하고 작성한다.

신용장에 따라 선하증권을 작성

FULL SET OF CLEAN ON BOARD OCEAN BILL OF LADING **MADE OUT TO ORDER** AND **BLANK ENDORSED** FREIGHT PREPAID AND **NOTIFY APPLICANT** EVIDENCING SHIPMENT FROM JAPAN TO SAN FRANCISCO **NOT LATER THAN JUNE 15, 2003**

선하증권

Shipper TOKYO TRADING CO., LTD. 1-2-3 SHINBASHI MINATO-KU, TOKYO JAPAN	B/L NO.
Consignee TO ORDER	**XYZ Line**
Notify Party SUPER CORPORATION 222 WESTSTREET SOUTH SAN FRANCISCO, CA 94080	**BILL OF LADING**

Pre-carriage by | Place of Receipt: TOKYO CY
Vessel: NYK STARLIGHT V.04E21 | Port of Loading: TOKYO, JAPAN
Port of Discharge: SAN FRANCISCO | Place of Delivery: SAN FRANCISCO CY
Final Destination (Merchant's reference only)

Container No. / Seal No. / Marks and Numbers:
NYKU XXXXXXXX
NYK XXXXX

SUPER
SAN FRANCISCO
C/NO.1-600
MADE IN JAPAN

No. of Containers or Pkgs / Kind of Packages, Description of Goods:
"SHIPPER'S LOAD & COUNT" "SAID TO CONTAIN"
KARAOKE AMPLIFIER, KARAOKE SPEAKER
****
L/C NO.A-414
600 CARTONS
FREIGHT PREPAID

Gross Weight: 9,900 KGS | Measurement: 26.000M3

Total number of Containers or other Packages or Units (in words): ONE(1) CONTAINER ONLY.

Freight and Charges | Revenue Tons | Rate | Per | Prepaid | Collect

Exchange Rate | Prepaid at: TOKYO, JAPAN | Payable at: | Place and Date of Issue: TOKYO, JAPAN
Total Prepaid in Local Currency | No. of Original B(s)/L: THREE(3)
Vessel | Laden on Board the Vessel Date
Port of Loading | By

신용장 내용대로 선하증권이 작성되어 있는지 확인하자

> 주의점

① CONSIGNEE

신용장에는 BILL OF LADING MADE OUT TO ORDER로 표시되어 있다. 이것은 B/L상의 CONSIGNEE(수하인)란에 TO ORDER라고 표기한 지도인식 선하증권을 작성하라고 지시하고 있다. 지시대로의 선하증권이 필요하다.

② NOTIFY

신용장에는 NOTIFY APPLICANT로 표시되어 있다. 이것은 NOTIFY PARTY(도착화물통지처)란에 신용장의 개설의뢰인(Applicant)인 SUPER CORPORATION을 기입한다. 주소도 신용장의 문언대로 기재되는 것이 중요하다.

③ B/L DATE

신용장에는 NOT LATER THAN JUNE 15, 2003으로 되어 있다. 선하증권의 날짜가 2003년 6월 15일 이전으로 되어야 한다.

④ B/L 부수

신용장에는 FULL SET OF CLEAN ON BOARD OCEAN BILL OF LADING으로 되어 있다. 선하증권의 발행부수가 신용장대로

인지 확인한다. FULL SET란 통상 3부를 말한다.

⑤ 백지이서

신용장에는 BLANK ENDORSED라고 표시되어 있다. 수출자가 선하증권의 이면에 백지이서를 하는 것이다.

신용장을 보면서 환어음을 작성해보자

주의점

① 어음금액

L/C상에는 100 PERCENT OF COMMERCIAL INVOICE VALUE라고 표시되어 있다. 인보이스 금액인 US$90,000.00라고 표시한다. 더욱이 환어음의 중앙부에 있는 the sum of의 다음에 이 금액을 영문으로 기재한다. 이것이 가장 중요한 부분이다. 금액을 영문으로 표시할 때 스펠링 실수가 없도록 주의하자.

② 지불기일

L/C상에는 PRESENTATION OF DRAFT AT SIGHT로 되어 있기 때문에 환어음의 AT와 SIGHT 사이의 빈 공간을 XXX로 타이핑해서 없애고 AT SIGHT라고 표시한다.

신용장에 따라 환어음을 작성

신용장의 기재내용

WE HEREBY ESTABLISH OUR IRREVOCABLE LETTER OF CREDIT NUMBER A-414 WHICH IS AVAILABLE WITH ANY BANK IN JAPAN BY NEGOTIATION, AGAINST PRESENTATION OF **DRAFT AT SIGHT, FOR 100 PERCENT OF COMMERCIAL INVOICE VALUE, DRAWN ON US.**

환어음

No. 20026

For US$90,000.00　　**BILL OF EXCHANGE**　TOKYO　MAY 27, 2003
　　　　　　　　　　　　　　　　　　　　　　　　　　　　PLACE　　DATE

At XXXXXXXXXXXXXXXXXXXX sight of this FIRST of EXCHANGE (Second of the same tenor and date being unpaid) Pay to SATSUKI BANK CO., LTD. or order the sum of

U.S.DOLLARS NINETY THOUSAND ONLY.

Value received and charge the same to account of SUPER CORPORATION
222 WESTSTREET SOUTH SAN FRANCISCO, CA 94080
Drawn under THE BANK OF SAN FRANCISCO INC.
L/C No. A-414　　　　　　　　　　dated MAY 1, 2003

To THE BANK OF SAN FRANCISCO INC.

REVENUE STAMP

TOKYO TRADING CO., LTD.

EXPORT MANAGER
MASAHARU KIMURA

③ 수취인

L/C상에는 DRAWN ON US라고 표시되어 있다. US란 신용장의 개설은행을 말한다. 환어음 하단의 TO가 있는 부분에 개설은행인 THE BANK OF SAN FRANCISCO라고 기입한다. 이것은 수취인을 당은행으로 해서 작성하도록 지시하고 있는 것이다.

④ 발행인

이 어음을 발행하는 사람으로 통상은 수출자가 된다. 환어음 오른쪽 하단에 TOKYO TRADING CO., LTD.라고 기입한다.

⑤ 기타 주의점

신용장에 DRAWN ON APPLICANT라고 되어 있는 경우는 수취인을 APPLICANT, 다시 말해 신용장의 개설의뢰인인 수입자 앞으로 해서 작성한다.

화물도착안내(Arrival Notice)

> 화물도착안내(A/N)는 선박회사가 작성하여 수입자에게 본선의 도착을 알리는 서류이다.

　화물도착안내(A/N, Arrival Notice)는 선박회사가 작성하여 화물수취인인 수입자 앞으로 본선의 도착을 알리는 것이다. 수입자는 이 화물도착안내를 수령함으로써 수입화물을 적재한 본선의 입항상황을 파악할 수 있고 수입통관 수속 등의 준비를 시작할 수 있다.

　ETA란 Estimated Time of Arrival의 약자로 본선의 도착예정일을 뜻한다. 수입자는 본선의 도착예정일을 확인하고 준비를 시작한다. 수입하는 상품 중에는 본선 입항 후 여러 가지 검사나 수속이 필요한 것도 있기 때문에 주의가 필요하다. 수입자는 더욱이

MK SHIPPING COMPANY

ARRIVAL NOTICE

DATE : JUNE 1, 2003

Messrs. TOKYO BUSINESS SYSTEM CO., LTD.
SHIN MACHI, SHINJUKU-KU, TOKYO JAPAN

VESSEL NAME	ATLANTIC BRIDGE V. N209
ETA	JUNE 2, 2003
PORT OF DISCHARGE	TOKYO, JAPAN
PORT OF LOADING	PORT KELANG
SHIPPER NAME	MALAYSIA AUDIO SDN. BHD.
B/L NO.	MKK-47
QUANTITY	850 SETS
DESCRIPTION	COLOR TELEVISION

필요한 서류를 확실하게 준비해두자. 서류 미비 등으로 수속에 시간이 걸리면 예상 외의 보관료를 부담하게 된다든지 아니면 모처럼의 사업기회를 잃을 위험성도 있다.

선박회사에 따라서는 화물도착안내에 해상운임이나 제반 경비를 명기해서 보내는 경우도 있다. 수입자는 필요한 비용을 준비해두자.

ETA : Estimated Time of Arrival   도착예정일
ETD : Estimated Time of Departure   출항예정일

화물도착안내는 수입실무에서 사용되는 서류로, 선박회사가 수입자에게 발행한다. 왼쪽 페이지의 서류는 선박회사인 MK SHIPPING COMPANY가 수입자인 TOKYO BUSINESS SYSTEM CO., LTD.에게 송부한 서류이다.

화물도착안내의 내용을 이해하자.

서류의 해설

선적지시서(S/O, Shipping Order)

> 선박회사가 본선의 선장에게 선적을 지시한 것

선적지시서란 선박회사가 본선의 선장 앞으로 선적을 지시한 것이다. 재래선(Conventional Ship, 컨테이너 전용선이 아닌 개품운송을 취급하는 선박)에서 하는 선적의 경우 해상화물 운송업자는 수출자로부터 수령한 S/I, 인보이스를 바탕으로 선적지시서(S/O)를 작성하고 선박회사에 제출한다. 선박회사에서는 부킹(Booking)과 대조 확인한 후 S/O 번호를 명기하여 해상화물 운송업자에게 되돌려준다. 해상화물 운송업자는 이 S/O와 수출허가서를 첨부하여 화물을 본선까지 운반한다.

화물환어음 매입의뢰서(Application for Negotiation)

> 수출자가 매입서류를 은행에 제출할 때 작성하는 서류

화물환어음 매입의뢰서는 수출자가 매입을 의뢰할 때 은행에 제출하는 서류 중 하나이다. 매입의뢰의 내용, 제출하는 서류의 종류와 부수를 기입한 것이다. 수출자는 매입은행 소정의 화물환어음을 작성하고 동시에 이 화물환어음 매입의뢰서도 작성한다.

환예약표(Exchange Contract Slip)

> 수출입자가 환예약을 할 경우에 작성하는 서류

수출자(또는 수입자)는 외화로 계약할 경우 환율변동의 위기를 회피하기 위해 환예약을 한다. 수출자(또는 수입자)는 거래은행의 선물예약 시세(Forward Exchange Rate)를 검토하여 환예약을 한다. 이때 작성하는 것이 환예약표(Exchange Contract Slip)이다. 은행 소정의 환예약표에 필요사항을 기입해서 쌍방이 서명한 후에 각각 1통씩 보관한다.

중량용적증명서
(Certificate and List of Measurement and/or Weight)

> 화물의 중량용적을 증명하는 서류

중량용적증명서란 공인선서검량인(公認宣誓檢量人, Authorized Sworn Measurer)에 의해서 검량된 화물의 중량과 용적에 관한 증명서로, 이 숫자가 해상운임의 기초가 된다. 신용장 등에서 요구하는 경우는 매입할 때까지 준비한다.

카고 보트 노트(Cargo Boat Note)

> 재래선의 본선에서 내려진 화물의 보고서

Cargo Boat Note는 재래선의 본선에서 내려진 화물의 보고서이다. 화물은 공적인 검수인에 의해 수량이나 화물의 상태가 확인된다. 만일 화물에 이상이 발견되었을 경우는 적요란에 내용이 기입된다.

한편 컨테이너선의 경우(LCL Cargo)는 검수인이 CFS에서 컨테이너에서 내려진 화물의 수량이나 상태를 확인하고 보고서를 작성한다. 이 서류를 Devanning Report라 부른다.

화물인도지시서(D/O, Delivery Order)

> 화물을 인도하는 지시서이다

화물인도지시서는 화물의 인도지시서이다. 화물의 인도를 자기 자신이 할 경우는 선장에게, 전체를 내리는 경우는 선내 하역업자 또는 CY 오퍼레이터, CFS 오퍼레이터에게 지시한 것이다.

수입자 또는 해상화물 운송업자는 이 D/O에 수입허가증을 첨부하여 화물을 수령한다.

본선화물수령증(Mate's Receipt)

> 수출화물이 본선에 무사히 선적된 것을 증명하는 서류

재래선의 선적에서 수출화물이 무사히 본선에 선적된 것을 증명하는 서류이다. 화물은 선박회사 전속 선내의 하역 청부업자에 의해 본선에 실린다. 검수인의 입회하에 선적이 무사히 끝나면 일등항해사가 본선화물수령증을 발행한다.

Point

세계무역기구(WTO, World Trade Organization)

2002년 1월 현재 144개 국가와 지역이 가입한 국제무역의 중심기관으로 본부는 제네바에 있다.
GATT를 발전적으로 해체하고 세계무역기구(WTO)라는 새로운 기관으로 이행하기로 하였다. WTO의 역할은 WTO 협정과 다각적 무역협정의 실시, 다각적 무역에 관한 교섭의 장을 제공, 무역분쟁 취급 등을 들 수 있다. WTO의 주요 기능은 무역이 가능한 한 원활하게, 예측 가능하게, 그리고 자유롭게 진행되도록 하는 것이다.

신용장 거래의 구체적인 흐름을 확인

① TOKYO TRADING CO., LTD.와 SUPER CORPORATION 간에 매매계약이 성립된다.

② SUPER CORPORATION은 거래은행인 THE BANK OF SAN FRANCISCO INC.에 신용장 개설을 의뢰한다.

③ THE BANK OF SAN FRANCISCO는 신용장을 개설하고 SATSUKI BANK CO., LTD.에 송부한다.

④ SATSUKI BANK는 수익자인 TOKYO TRADING에 신용장의 도착을 통지한다.

⑤ 신용장을 수령한 TOKYO TRADING은 선적수속을 준비하기 시작한다.

⑥ TOKYO TRADING은 선적이 종료되면 선박회사로부터 선하증권을 수령한다. 환어음을 작성하여 SATSUKI BANK에 매

신용장 거래의 구체적인 흐름을 확인한다

SATSUKI BANK CO., LTD.
(Advising Bank)

THE BANK OF SAN FRANCISCO INC.
(Opening Bank)

TOKYO TRADING CO., LTD.
(Beneficiary)

SUPER CORPORATION
(Applicant)

신용장 번호 A-414(140페이지)의 신용장을 참고로 하여 신용장의 흐름을 이해하자.
A-414 신용장의 관계자
Beneficiary : TOKYO TRADING CO., LTD.
Applicant : SUPER CORPORATION
Opening Bank : THE BANK OF SAN FRANCISCO INC.
Advising Bank : SATSUKI BANK CO., LTD.

복습하자! 신용장 거래의 구체적인 흐름이다.

입을 의뢰한다.

⑦ SATSUKI BANK는 환어음과 선적서류의 내용을 확인하고 수출자인 TOKYO TRADING에 어음대금을 지불한다.

⑧ SATSUKI BANK는 환어음과 선적서류를 THE BANK OF SAN FRANCISCO에 송부한다.

⑨ 선적서류를 수령한 THE BANK OF SAN FRANCISCO는 수입자를 대신하여 SATSUKI BANK에 어음대금을 지불한다.

⑩ THE BANK OF SAN FRANCISCO는 수입자인 SUPER CORPORATION에 선적서류가 도착한 것을 알린다.

⑪ 수입자인 SUPER CORPORATION은 수입상품을 수령하는 데 필요한 선적서류를 받기 위해 환어음을 결제한다.

⑫ THE BANK OF SAN FRANCISCO는 선하증권을 포함한 선적서류를 수입자인 SUPER CORPORATION에 건네준다.

⑬ SUPER CORPORATION은 선적서류를 선박회사에 제출하고 선박회사로부터 수입상품을 수령한다.

```
┌─ 수출자가 작성하는 서류 ─┐

선적·통관수속을 전문업자에게 의뢰할 때 작성하는 서류

    수출자          ➡          통관업자
                              해상화물 운송업자
    작성자                       제출처


   송장            포장명세서         선적의뢰서
  Invoice         Packing List      Shipping
                                   Instruction
```

>>> ──────────────────────────────────── **Point**

수출자는 신용장 거래의 경우 신용장의 내용에 따라 정확한 서류를 작성하는 것이 중요하다.

──────────────────────────────────── <<<

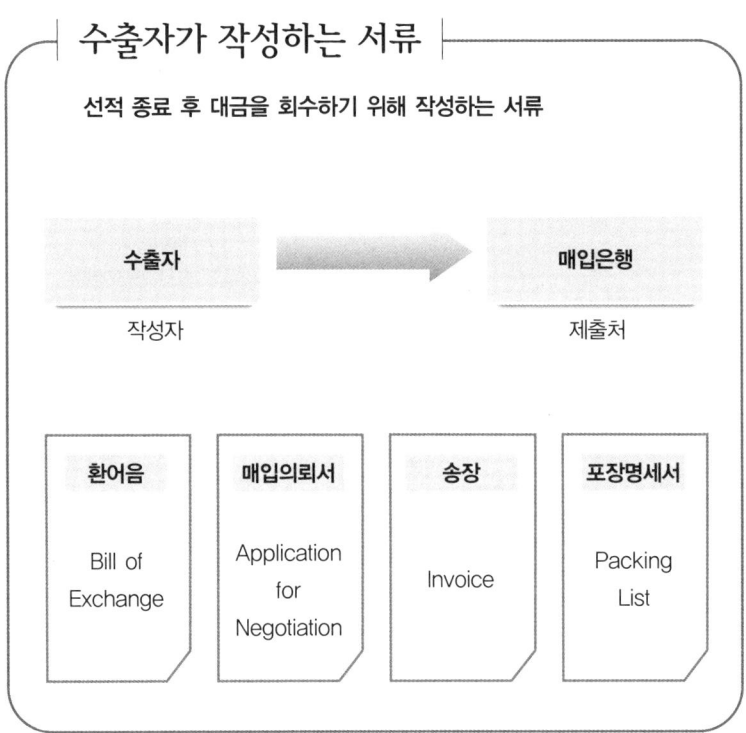

Point

은행에 매입을 의뢰할 때는 위의 서류 이외에 선하증권(Bill of Lading)이나 보험증권(Insurance Policy)을 준비하고 신용장(letter of Credit)의 원본을 첨부하여 은행에 제출한다.

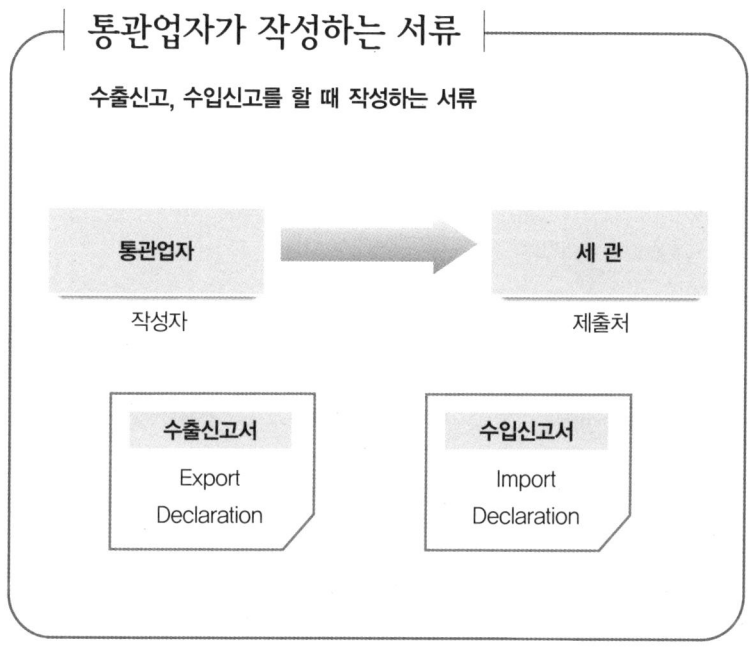

Point

수출신고서는 통계품목표를 참고로 하고, 수입신고서는 실행관세율표를 참고로 하여 작성한다. 세관에 신고하기 전에 관세사의 확인을 받는다.

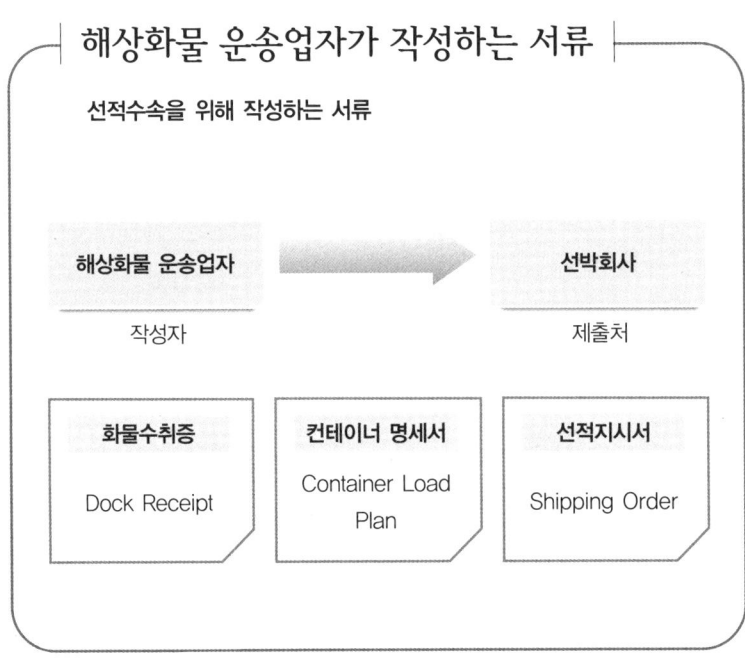

Point

원칙적으로 컨테이너선의 선적에서는 화물수취증을 작성하고, 재래선에 의한 선적에서는 선적지시서를 작성한다.

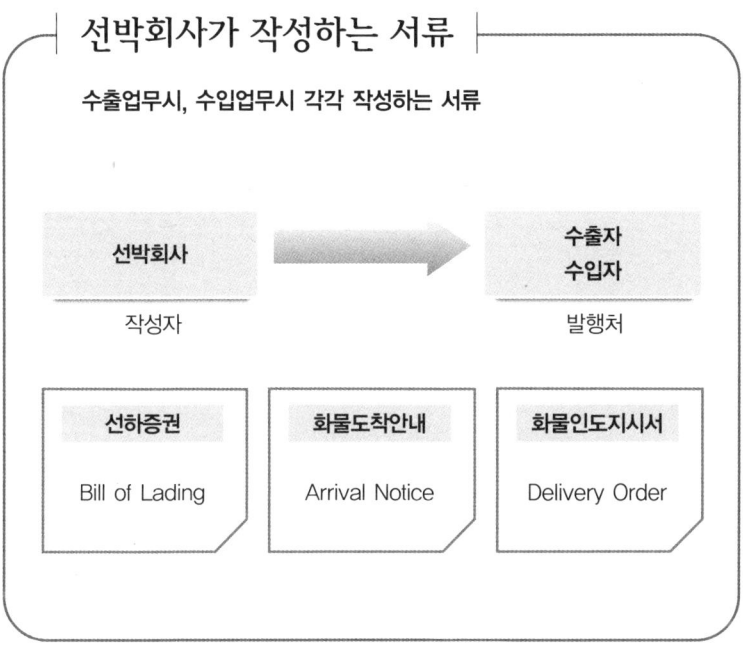

Point

선박회사는 수출자에게 선하증권을 발행한다. 수입자에게는 화물도착안내를 발행한다. 또한 수입지에서는 선하증권과 교환으로 화물인도지시서를 발행한다.

수입자가 작성하는 서류

신용장을 개설 의뢰할 때 작성하는 서류

수입자 ➡ 개설은행
작성자　　　제출처

신용장개설의뢰서
Application for Opening Letter of Credit

Point

수입자는 계약내용을 충분히 확인한 후 신용장개설의뢰서를 작성하여 자사의 거래은행에 신용장 개설을 의뢰한다.

본선의 승무원에 관한 용어

선장	Captain
일등항해사	Chief Mate
기관장	Chief Engineer
사관(士官)	Officer
무선전신기사	Operator
조타수	Quarter Master
급사	Boy

4장
수출입의 포인트

거래상대를 발굴하는 방법

거래상대를 발굴하는 방법을 연구하자.

　수출입 거래를 성공으로 이끄는 좋은 방법은 신뢰할 수 있는 거래상대, 안정된 비즈니스를 계속할 수 있는 거래상대를 발굴하는 것이다. 세계에는 한국의 기업과 거래하기를 원하는 회사가 많이 있다. 그 중에서 어떻게 우수한 거래상대를 발굴할 수 있을 것인가가 가장 큰 포인트이다.

대표적인 거래상대 발굴방법

　① 현재는 인터넷을 이용하는 방법이 널리 활용되고 있다. 예를 들면 25페이지에서부터 소개한 제트로(JETRO)나 상공회의

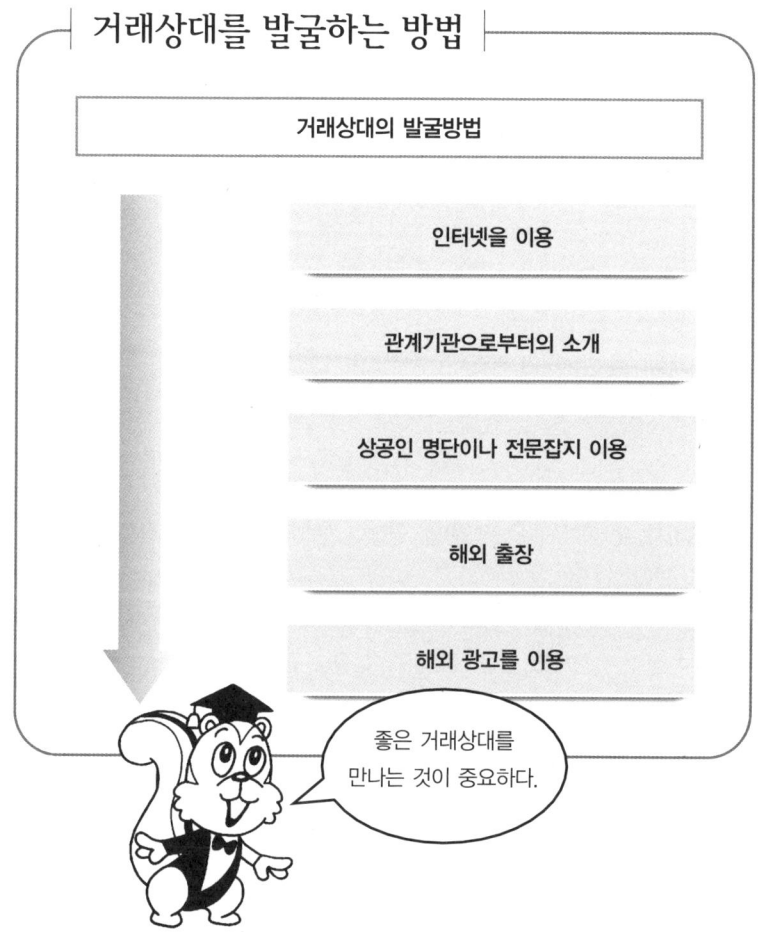

소의 홈페이지를 효과적으로 활용하는 방법이다.

② 인터넷 이외에도 주한 외국대사관, 영사관, 한국무역협회 등의 무역 관계기관을 이용하여 정보를 얻는 방법이 있다.

③ 상공인 명단(Directory)이나 전문잡지를 통해 정보를 얻는

방법.

④ 실제로 해외 출장을 통해 현지에서 정보를 수집하는 방법.

⑤ 해외 광고를 이용하는 방법.

Point

거래상대를 발굴하기 위해서는 시장조사가 반드시 필요하다.
시장조사를 할 경우 주요 항목은 다음과 같다.

- **상품에 관한 정보**
소비자 수, 구매의욕, 판매방법, 경쟁력, 판매량, 품질, 경쟁상품의 유무, 판매조건 등.
- **국가나 지역에 관한 정보**
정치정세, 유통제도, 소득수준, 문화, 상관습, 풍속 등.

신용조사

> 거래상대를 선정할 때 신용조사를 반드시 하도록 하자.

무역거래는 해외 기업과의 거래이다. 경제나 문화 등이 다른 해외 기업을 상대로 거래를 하기 때문에 우리나라의 상식이 통용되지 않는 경우도 많다. 그래서 해외 거래상대를 선정하거나, 신용조사를 할 때는 가능한 한 객관적인 조사가 필요하다.

신용조사 방법으로는 거래은행에 상대방의 신용상태를 조사 의뢰하는 은행 신용조회처(Bank Reference)와 관련업자에게 조회를 의뢰하는 동업자 신용조회처(Trade Reference)가 있다. 또한 신용조사를 전문적으로 하는 조사기관이나 상업흥신소(Credit Bureau), 상공인 명단을 이용하는 방법도 있다.

신용조사를 할 때는 다음 네 가지 항목을 중심으로 조사한다.
- Character : 경영진의 능력이나 성격.
- Capacity : 영업능력, 영업상태, 영업품목
- Capital : 상대방의 자본력, 재정기반
- Conditions : 상대방의 객관적인 경제정세나 정치정세

최근에는 인터넷을 이용한 신용조사도 자주 이루어지고 있다. 제트로 홈페이지에는 신용조사에 관한 정보가 수록되어 있다.

거래 시작 후 생각하지 못했던 문제가 발생하는 경우가 있다. 그러한 위험 방지를 위해 충분한 신용조사를 해두어야 한다.

신용조사에 관한 한국의 경우

우리나라의 대표적인 신용조사 전문기관으로는 한국무역보험공사(www.ksure.or.kr)가 있다. 한국무역보험공사는 한국수출보험공사가 2010년 7월 7일자로 새롭게 출발한 기관이다. 종래의 한국수출보험공사는 수출보험과 수출관련 해외신용조사 등을 포함하여 수출관련 업무만을 지원하였지만, 한국무역보험공사로 새롭게 출발하면서 수출지원사업뿐만 아니라 수입지원사업으로서 수입보험과 수입관련 국외기업 신용조사를 비롯하여 수입관련 업무도 지원하고 있다.

한국무역보험공사 홈페이지에 접속해서 매뉴 〈K-sure 안내 → 조직정보 → 조직도 (보상채권본부/신용조사부)〉를 차례로 클릭하면 신용조사부의 업무를 알 수 있다. 해외신용조사 의뢰와 관련하여서는 홈페이지에서 고객상담실을 활용하든가 신용조사부에 전화로 문의하면 안내를 받을 수 있다. 다음 쪽에 신용조사부의 주요업무를 소개한다.

〈신용평가팀〉
- 국내외기업 신용조사 및 평가업무 관련 기획(제도개선 및 내규개정 등)
- 신용정보 판매관련 마케팅 (상품기획 포함)
- 신용평가모델 관리 및 유의성 검증
- 국내외 신용조사기관 발굴 및 업무제휴
- 국내외기업 신용조사 현황관리
- 신용정보사업 관련 대외(금감원, Credit Alliance 포함) 협력업무
- 국외기업 신용조사 관리(접수, 의뢰, 입력, 평가)
- 국내외기업 신용정보의 대내외 제공 • 신용조사 비용 지급 업무
- 신용조사 수수료 수납 및 세금계산서 관련 업무
- Outsourcing 기관 업무지도 및 계약관리 (비용지급 포함)
- 신용정보 관련 전산시스템 개선 및 관리 • 불량거래처(G,R급) 관리

〈국별평가팀〉
- 국가신용도 조사 및 평가
- 국내외 경제·무역 동향 및 전망조사
- 주요 수출산업의 분석 및 평가
- OECD 국별평가전문가 회의 관련업무 • 연차보고서 작성, 발간
- 정기간행물 등 조사자료의 발간(중소기업 수출산업 경쟁력 평가보고서 포함) • 무역보험 정책연구 • 무역보험학회 관련 업무

한편 수출보험은 해상보험과는 다른 것으로 수출대금을 받을 수 없는 경우의 손실을 보상받는 보험이다. 수출보험, 환변동보험 등 수출업무에 관련한 다양한 보험 및 수입업무에 관련한 보험의 내용에 관해서는 한국무역보험공사 홈페이지에 접속하여 매뉴 〈수출지원사업〉, 〈수입지원사업〉을 각각 클릭하면 알 수 있으며, 보다 구체적인 내용이 필요한 경우에는 관련 부서에 직접 문의하면 된다.

신용장의 체크포인트

> 신용장을 수령하면 반드시 다음의 체크포인트에 따라 신용장을 확인하자.

수출자는 신용장을 수령한 후 다음의 사항에 관해서 반드시 확인한다.

취소불능신용장인지 확인한다

신용장은 취소불능신용장(Irrevocable Letter of Credit)인 것이 중요하다. 수령한 신용장에 Irrevocable이란 단어가 있는지 체크하자.

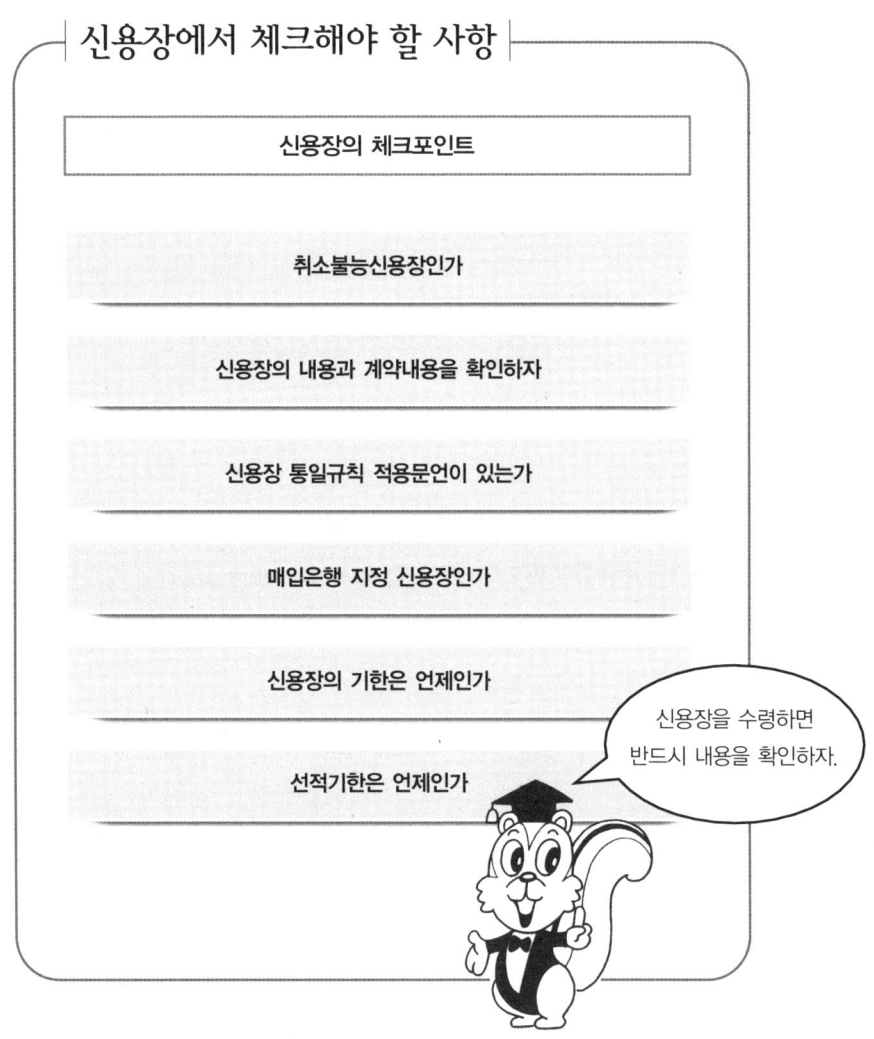

신용장에 기재되어 있는 내용이나 조건을 확인한다

신용장에 기재되어 있는 내용은 수입자와 맺은 계약내용과 일치해야 한다.

신용장 통일규칙 적용문언이 있는지 확인한다

대부분 신용장의 마지막 부분에 다음과 같은 문언이 표시되어 있다.

This Letter of Credit is Subject to "The Uniform Customs and Practice for Documentary Credit (1993 Revision) I.C.C. Publication No. 500."

매입은행을 지정한 신용장인지 확인한다

신용장의 종류에는 매입은행이 지정되어 있는 매입은행 지정 신용장(Restricted Letter of Credit)이 있다. 이 신용장을 이용할 경우에는 매입은행이 지정되기 때문에 주의가 필요하다.

신용장의 유효기한과 선적기한을 확인한다

수출자는 신용장에 따라 선적 준비를 시작하지만 언제까지 선적해야 하는지와 같은 반드시 지켜야 할 선적기한과 신용장의 유효기한을 확실하게 체크하자.

품질조건

품질조건의 종류를 확인하자.

무역거래를 할 때 품질조건을 결정하는 것은 매우 중요하다.

품질조건의 결정방법

① 견본매매(Sale by Sample)
견본에 의해 상품의 품질을 결정하는 것. 실제로 거래되는 상품의 품질과 견본의 품질이 일치해야 한다.

② 사양서 매매(Sale by Specification)
도면 등의 사양서를 가지고 품질을 결정하는 것. 무거운 선박,

항공기 등의 거래에 이용된다.

③ 상표매매(Sale by Trade Mark or Brand)
트레이드 마크나 브랜드를 지정해서 품질을 결정하는 것.

④ 규격매매(Sale by Grade or Type)
규격을 조건으로 품질을 결정하는 것. 일본공업규격의 JIS규격품이나 국제표준화기구의 ISO규격품을 이용한다.

⑤ 표준품 매매(Sale by Standard)
사전에 표준품을 설정하고 그것에 따라 품질을 결정하는 것.

품질 결정시기

품질의 결정시기는 선적시점의 품질을 보증하는 '선적 품질조건(Shipped Quality Terms)'과 양륙할 때 품질을 보증하는 '양륙 품질조건(Landed Quality Terms)'이 있다.

오퍼(Offer)에 관해서

오퍼의 종류를 확인하자.

오퍼(Offer)란 거래처에 대한 청약, 즉 거래제의를 말한다. 거래하고 싶은 조건인 상품의 품질, 수량, 가격, 납기 및 거래조건 등을 구체적으로 명백하게 상대측에 제시하는 것을 뜻한다.

오퍼의 종류
① 셀링 오퍼(Selling Offer)
가격, 수량, 품질, 납기, 지불조건 등을 판매자가 구매자에게 제시하는 것이다.

② 카운터 오퍼(Counter Offer)

상대가 제시한 조건에 대해 조건의 변경이나 새로이 희망하는 조건을 요구하는 반대청약을 말한다.

③ 확정 오퍼(Firm Offer)

상대측에 회답기한을 통지하고 회답기한을 한정하는 오퍼를 말한다. 회답기한이 경과하면 오퍼의 효력이 상실된다.

④ 확인조건부 오퍼(Offer Subject to Confirmation)

판매청약을 할 때 구매자가 그것을 받아들여도 판매자의 확인을 필요로 하는 오퍼를 말한다. 계약의 성립에는 최종적으로 판매자의 확인이 필요하다.

선복(船腹)예약에 관해서

수출자는 선박회사에 부킹(Booking)을 하지만 다음 사항에 유의하자.

수출자는 신용장을 수령하면 수출화물을 적재할 본선을 정해서 선박회사에 선복예약(Booking of Ship's Space)을 한다. 일반적으로 부킹(Booking)이라고 한다.

본선을 정한다

신용장에 선박회사가 지정되어 있는 경우는 그 선박회사의 본선을 선택한다. 신용장 거래의 경우는 선적기한이 있으므로 그 기한 내에 확실하게 선적이 가능한 본선을 정한다.

선적내용을 확인한다

선적할 본선, 항해번호(보통 항차라고 함), 상품명세, 목적지 등을 확인하고 선박회사에 부킹을 한다. 선박회사에서 부킹 번호가 주어지는데 이 번호를 확인하는 것이 중요하다.

특별조건

선적에 관해서 특별한 조건이 있을 경우 부킹할 때 선박회사에 의뢰한다.
- 웨이빌(Waybill, 231페이지 참조)을 발행해 받고 싶다.
- 선하증권을 원지(元地)에서 받고 싶다(Surrendered B/L).

> **Point**
>
> 선박회사에 화물의 선적상황이나 선하증권 발행시기 문의 또는 본선 출항 등을 확인할 경우는 모두 부킹 번호로 확인한다. 수출자는 부킹 번호를 확실하게 파악해두자.

해상운임

해상운임의 종류와 특색을 이해하자.

기본운임

① 컨테이너당 정한 운임(Box Rate)

컨테이너선에 의한 해상운송이 주류가 되었다. 박스 레이트는 컨테이너 1대당의 운임이 설정된 기본요금이다. 컨테이너에는 20피트 컨테이너와 40피트 컨테이너의 2종류가 있다. 각각 컨테이너 1대당의 운임이 설정되어 있다.

② 품목별 기본요금(Commodity Rate)

화물의 품목에 따라 요금이 각각 설정되어 있는 운임이다.

최저요금(Minimum Charge)

화물량이 적어 기본운임의 일정액이 되지 않을 경우에 적용되는 요금을 말한다.

제반 추가요금(Surcharge)

① 연료비 조정계수(Bunker Adjustment Factor)

연료가격의 급격한 변동에 대응해서 조정되는 할증료(Surcharge)이다.

② 통화변동 조정계수(Currency Adjustment Factor)

환율의 급격한 변동에 대응해서 조정되는 할증료이다.

한국의 경우

해상운임에는 부정기선의 운임과 정기선의 운임이 있다. 부정기선의 운임은 해운시황에 따라 등락을 거듭하기 때문에 정기선의 운임과 달리 안정되어 있지 않다.

정기선 운임은 항로별로 해운동맹이 결성되어 있어 운임률표(Tariff)를 보유하고 있으나 맹외선사(Outsiders, 해운동맹에 가입되어 있지 않은 선박회사)와의 경쟁으로 실제로 선사가 징수하는 시장운임(Market Rate)은 운임률표에 따른 운임보다 낮은 경우가 대부분이며 시황에 따라 변동폭도 크다고 한다.

정기선 운임의 종류를 보면, 지급시기에 따라 선불운임(Freight prepaid)과 후불운임(Freight to collect)이 있다. 그리고 운임을 부과하는 방법에 따라 귀금속 등 고가품의 운송에서와 같이 화물가격을 기초로 하여 이의 일정률을 운임으로 징수하는 종가운임(Ad Valorem Freight), 최저운임(Minimum Rate or Minimum charge)과 함께 화물·화주·장소에 따라 운임을 차별적으로 부과하는 차별운임(Discrimination Rate), 운송거리를 기준으로 하여 일률적으로 운임을 책정하는 무차별운임(FAK, Freight All Kinds Rate) 등이 있다.

또한 해상운임 외에 할증료(Surcharge), 추가운임(Additional Charges) 및 기타 요금도 내야 할 경우가 발생할 수 있으므로 선박회사에 운임을 문의할 때 그 운임이 해상운임(Ocean Freight)만인지, 아니면 할증료 등 부대비를 모두 포함하는 것인지 확인할 필요가 있다.

위의 제반 추가요금에서 Bunker Adjustment Factor를 우리나라에서는 유류할증료라 하며, Currency Adjustment Factor는 통화할증료라고 한다.

선하증권의 종류

지도인식 선하증권과 기명식 선하증권의 특색을 이해하자.

선하증권의 종류와 성격을 이해하자.

지도인식 선하증권

지도인식 선하증권(Order B/L)이란 선하증권의 수하인(Consignee)란에 'To Order'나 'To Order of Shipper' 등의 지시문언을 기재한 선하증권을 말한다.

이것은 화물의 권리자가 이서(Endorsement)함으로써 화물의 인도 청구권을 다른 사람에게 양도할 수 있는 B/L로 유통성이 있다. 신용장 거래에서 환어음 매입의뢰에 첨부하는 선하증권은 은행이 화물을 담보로 하기 위해 유동성이 필요하여 지도인식 선하증권이 이용된다.

　기명식 선하증권(Straight B/L)이란 선하증권의 수하인(Consignee)란에 특정인을 기재한 선하증권으로 이서 양도를 할 수 없다. 이 선하증권에는 유동성이 없다.

한국의 경우

우리나라에서는 Order B/L을 지시식 선하증권이라 한다.

무고장(無故障) 선하증권

　무고장 선하증권(Clean B/L)이란 선박회사에 맡겨진 화물의 외장이나 포장상태가 완전한 화물에 대해 발행되는 선하증권으로 신용장 거래의 경우 Clean B/L이어야 한다.

한국의 경우

우리나라에서는 Clean B/L을 무사고 선하증권이라고도 부른다.

선하증권을 수령할 때의 포인트

> 수출자는 선박회사로부터 선하증권을 수령하지만,
> 수령할 때의 포인트를 확인하자.

수출자는 선적이 끝나면 즉시 선박회사로부터 선하증권(B/L)을 수령한다. 선하증권은 가장 중요한 서류이기 때문에 취급에 특별히 주의하자.

선하증권을 수령할 때의 체크포인트

① 선하증권의 날짜, 다시 말해서 B/L Date를 반드시 확인하자. 특히 월말이나 연말일 때는 희망하는 B/L Date가 기재되어 있는지 확인하자. B/L Date는 본선의 입항일 또는 출항일의 어느 쪽이든 희망하는 날을 기재할 수 있다.

② 신용장의 내용과 선하증권에 기재된 문언이 일치하는지 확실하게 체크하자. 만일 차이가 발견될 때는 신속히 선박회사에 연락하여 선하증권을 정정해야 한다(97페이지 참조).
③ 선하증권의 발행부수는 3부로 되어 있는가? 선적 선하증권 (Shipped B/L)으로 되어 있는가? 선적 선하증권에는 반드시 On Board Notation이 기재되어 있다.
④ 신용장 거래의 경우 특별조건으로 스페인어나 프랑스어로 표시가 지시되는 것이 있다.
⑤ 선박회사의 사인(Sign)이 있는가, 선하증권 번호가 기재되어 있는가도 더불어 확인하자.

용어설명

On Board Notation은 본선적재부기(本船積載附記)라고 한다. 본선적재 선하증권을 발행할 때 화물이 특정 일자에 본선적재되었음을 증명하는 표시를 말하며, 그 요건은 ① 본선적재의 뜻 ② 본선적재 일자이다.
다음과 같이 표시하는 것이 일반적이다.
〈사례 1〉
    Loaded on board
    dated October 20, 2005
〈사례 2〉
    Loaded on board dated October 20, 2005

수출통관의 포인트

> 수출통관을 할 때의 포인트를 확실하게 파악할 것.
> 통관업자의 역할, 흐름을 확인하자.

　화물을 수출할 경우 세관에 수출신고를 하고 수출허가를 받아야 한다. 이 절차를 '통관'이라 한다. 통관은 세관장의 면허를 받은 통관업자(Customs Broker)가 대행한다. 통관업자는 국가시험에 합격한 통관사를 두고, 수출신고서(E/D, Export Declaration) 등의 작성, 신고, 세관의 입회 등을 한다.

　통관업자는 화물이 보세지역에 반입된 것을 확인하면 수출신고의 수속을 시작한다. 수출자의 인보이스나 포장명세서를 바탕으로 수출신고서를 작성한다. 신고된 통관서류는 세관에서 충분히 심사한다. 필요에 따라서 세관검사가 이루어지고, 문제가 없

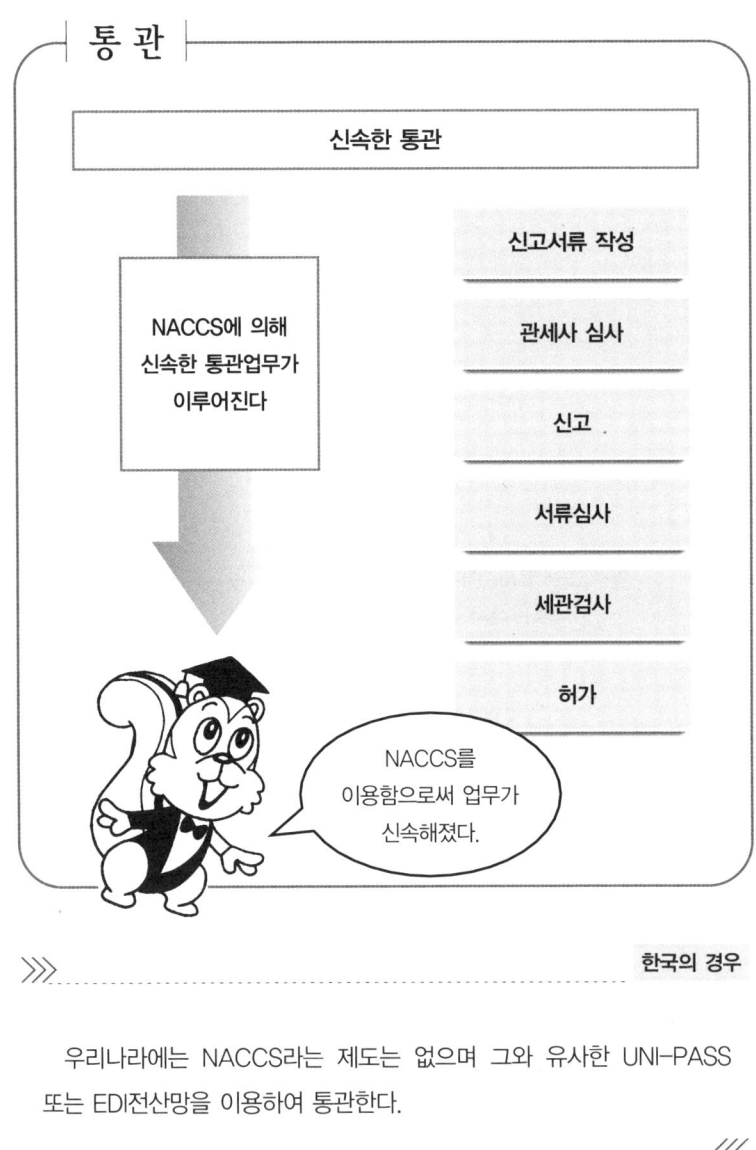

한국의 경우

우리나라에는 NACCS라는 제도는 없으며 그와 유사한 UNI-PASS 또는 EDI전산망을 이용하여 통관한다.

으면 수출허가가 떨어진다.

통관검사에는 견본검사, 전품검사, 일부검사가 있다. 또한 검사하는 장소에 따라 검사장 검사, 현장검사, 본선검사, 부중(작은 배)검사로 구별된다.

>>> **한국의 경우**

우리나라에서는 별도 통관업자가 없으며 관세사 사무실이 그 역할을 하고 있다. 그리고 우리나라에는 통관사 자격제도는 없으며 관세사라는 자격제도가 있다. 따라서 통관업무를 대행할 수 있는 곳은 관세사 시험에 합격한 관세사가 운영하는 사무실뿐이며, 반드시 관세사 자격을 가진 사람이 사무실을 개설하고 통관업무를 하도록 되어 있다. 일반인이 통관과 관련한 전문회사를 개설하기 위해서는 관세사 자격을 가진 사람과 동업의 형식을 빌려 관세사 명의로 사업자등록을 하는 등 모든 서류나 공식적인 업무가 관세사 명의로 이루어진다.

> **Point**
>
> **Re-Ship**
> 외국에서 우리나라에 도착한 외국 화물을 수입수속을 밟지 않고 보세지역에서 다시 외국으로 보내는 것.
>
> **Re-Export(재수출)**
> 한번 수입해서 수입허가를 받은 화물을 원형 그대로 다시 외국에 수출하는 것.

해상운송의 형태

해상운송에는 FCL, LCL, Loose Cargo가 있다.

해상운송은 컨테이너선의 등장에 따라 크게 발달하였다. 해상운송에는 FCL(Full Container)과 LCL(Less than Container Load)의 두 가지 운송방법이 있다.

FCL이란 컨테이너를 하나의 단위로 한 운송방법이다.

하주(荷主) 또는 해상화물 운송업자는 컨테이너에 짐을 싣고, 그 컨테이너를 컨테이너 야드(CY)에 반입하여 선적한다.

한편 LCL이란 하주 또는 해상화물 운송업자가 화물을 선박회사가 지정하는 컨테이너 플레이트 스테이션(CFS, Container Freight Station)에 가져가고, 선박회사에 의해 다른 하주의 화물과 혼재되어 선적되는 방법이다.

또한 재래선에 의한 운송화물을 루스 카고(Loose Cargo)라고 말한다.

> **Point**
>
> ### 이메일의 이점
>
> 이메일이란 전자우편, 네트워크를 개입시켜 메시지나 파일을 송신하거나 수신할 수 있는 시스템.
> 상대방이 주소를 가지고 있으면 짧은 시간에 세계 어느 곳에도 메시지를 보낼 수 있고, 첨부파일로 문자 이외에도 움직이는 그림 등 다양한 자료를 보낼 수 있다.

> **Point**
>
> **Inland (Container) Depot (ICD)**
> 컨테이너의 내륙수송 루트의 접속이나 집배지점(集配地點)에 위치하는 터미널을 가리킨다.
>
> **Co-Load**
> 혼재화물을 컨테이너 하나에 모으기 위해 복수의 운송업자가 협력하는 것.
>
> **Transit Time**
> 선적지에서 특정의 목적지항 또는 목적지까지의 수송에 걸리는 소요일 수 또는 시간.

배에 관한 용어

Full Container선
컨테이너만을 수송하는 선박.

Semi-Container선
컨테이너와 일반화물을 수송하는 선박.

Liner
정기선. 특정 항로에 정기적으로 운항되는 선박.

Tramper
특별 항로를 정하지 않고 화물이 있을 때 부정기적으로 운항되는 선박.

RORO선(Roll and Roll off Ship)
화물을 수평하역 방식으로 하역하기 위해 선미(船尾)나 선측(船側)에 게이트가 있는 선박.

LOLO선(Lift on Lift off Ship)
크레인을 사용해서 화물을 싣거나 내리는 선박.

Panamax
파나마 운하를 항해하는 것이 가능한 가장 큰 선박을 말한다.

TEU(Twenty Foot Equivalent Unit)
20피트 컨테이너 환산의 컨테이너 취급개수. 20피트 컨테이너를 1TEU로 환산하고 어느 정도 취급할 수 있는가를 나타낸다.

결제의 종류

결제조건의 종류를 이해하고 신용장 조건의 특색을 파악한다.
신용장 조건 이외의 결제조건을 이해한다.

무역거래에서 결제방법은 수출자와 수입자의 양 당사자에게는 중요한 결정사항이다. 결제에는 다음과 같은 방법이 있으며, 각각 특성이 있다.

신용장에 의한 결제

신용장 조건으로 거래하는 것은 수출자에게는 이점이 많은 거래조건이라 불리고 있다. 신용장은 말할 필요도 없이 수입지의 은행이 수입자를 대신하여 대금지불을 보증해주는 것이다. 수출자로서는 신용장을 수령함으로써 안심하고 선적할 수 있는 등의 이점이 있다. 신용장에는 취소가능 신용장과 취소불능신용장이 있지만 비즈니스를 하는 데는 취소불능신용장이 바람직하다고 할 수 있다.

신용장 이외의 결제방법

① D/A(Documents against Acceptance)

어음인수시 서류인도 조건. 수입자가 신용장 없이 화물환어음을 인수하는 단계에서 은행이 수입자에게 선적서류를 건네주는 조건이다.

② D/P(Documents against Payments)

어음지불시 서류인도 조건. 수입자가 신용장 없이 환어음을 제시받고, 수입자가 그 어음대금을 지불한 단계에서 은행이 수입자에게 선적서류를 건네주는 조건이다.

송금에 의한 결제

송금에는 전신송금(Telegraphic Transfer), 보통송금(Mail Transfer), 수표송금(Demand Draft)이 있으며, 최근의 무역거래에서는 전신송금이 주를 이루고 있다.

> Point

인터넷 서핑으로 정보를 수집하자

무역실무에 관한 정보를 수집하려면 우선 제트로나 재무성의 홈페이지에 접속하고, 그 후 링크된 사이트를 연속적으로 열어보면 뜻밖의 정보나 귀중한 지식을 구할 수 있다.

한국의 경우

우리나라의 경우 한국무역협회, KOTRA, 중소기업청 등의 홈페이지를 방문하고 링크된 사이트를 활용하여 정보를 구할 수 있다.

> Point

이메일을 쓰는 방법과 주의점

- 요점을 확실히 하여 간단하면서도 정중한 표현으로 쓸 것.
- 제목은 내용을 정확하게 표현할 수 있도록 한다.
- 회신은 충실하게 보내고, 수신메일은 없어지지 않도록 주의한다.
- 은행 계좌번호나 신용카드 번호 등을 기입할 때는 주의가 필요하다.

인코텀즈 2000(INCOTERMS 2000)

> 인코텀즈는 국제상업회의소가 제정한 무역 거래조건의
> 해석에 관한 국제 룰이다.

인코텀즈(INCOTERMS, International Rules for the Interpretation of Trade Terms)란 국제거래에서 관습으로 사용되고 있는 무역조건(Trade Terms)의 해석에 관해서 국제상업회의소(ICC, International Chamber of Commerce)가 제정한 국제적인 규칙을 말한다.

국제거래에서 다른 국가나 지역이 무역조건을 각각 다르게 해석하고 판단하는 것을 방지하기 위해 1936년 인코텀즈가 제정되었다. 그 후 여러 번 수정이 있었으며, 현재는 1990년판을 거쳐 2000년판을 개정한 2010년판이 최신판이다.

2000년판 인코텀즈는 무역조건을 4유형 13종류로 분류하고 비용부담 범위, 화물의 위험부담 범위를 규정하고 있다.

E유형

EXW(Ex WORKS) 공장인도조건

수출지의 공장에서 화물을 인도하는 조건. 판매자가 공장에서 화물을 인도함으로써 화물의 위험부담과 비용부담이 구매자에게 이전되는 조건이다.

F유형

① FCA(Free Carrier) 운송인인도조건

판매자가 지정한 장소에서 구매자가 지정한 운송인에게 화물을 인도하는 조건으로, 화물을 인도함에 따라 위험부담, 비용부담이 구매자에게 이전된다.

② FAS(Free Alongside Ship) 선측인도조건

화물을 적재예정 본선의 측면에 붙였을 때 인도가 완료되는 조건이다. 이때 위험부담, 비용부담이 구매자에게 이전된다.

③ FOB(Free On Board) 본선인도조건

화물이 본선의 난간을 통과했을 때 구매자에게 인도가 완료되는 조건. 이때 위험부담, 비용부담이 판매자로부터 구매자에게 이전

된다.

C유형

① CFR(Cost And Freight) 운임포함인도조건

수입항까지의 운임을 포함하는 조건. 위험부담은 FOB와 같아서 화물이 본선의 난간을 통과할 때 구매자에게 이전된다. 수입항까지의 운임은 판매자가 부담한다.

② CIF(Cost Insurance And Freight) 운임보험료포함인도조건

수입항까지의 운임과 보험료를 포함하는 조건이다. 위험부담은 FOB와 같아서 화물이 본선의 난간을 통과할 때 구매자에게 이전된다. 수입항까지의 운임과 보험료는 판매자가 부담한다.

③ CPT(Carriage Paid To) 운송비포함인도조건

판매자가 지정한 장소에서 구매자가 지정한 운송인에게 화물을 인도하는 조건이다. 위험부담은 이때 판매자로부터 구매자에게 이전된다. 비용부담, 다시 말해 수입항까지의 운송비는 판매자가 부담한다. 컨테이너 화물의 경우 자주 이용되는 조건이다.

④ CIP(Carriage And Insurance Paid To)
운송비 · 보험료포함인도조건

판매자가 지정한 장소에서 구매자가 지정한 운송인에게 화물

을 인도하는 조건이다. 수입항까지의 운송비와 보험료는 판매자가 부담한다. 위험부담은 판매자가 지정한 장소에서 구매자가 지정한 운송인에게 인도하는 시점에 이전된다.

D유형

① DAF(Delivery At Frontier) 국경인도조건
국경의 지정된 장소에서 화물의 위험부담, 비용부담이 판매자로부터 구매자에게 이전되는 조건이다.

② DES(Delivery Ex Ship) 착선인도조건
수입항에 본선이 도착하고 그 본선상에서 화물을 구매자에게 인도할 때 화물의 위험부담, 비용부담이 판매자로부터 구매자에게 이전되는 조건이다.

③ DEQ(Delivery Ex Quay) 부두인도조건
수입항의 부두에서 판매자가 구매자에게 화물을 인도한다. 이 부두에서 화물의 위험부담, 비용부담이 판매자로부터 구매자에게 이전되는 조건이다.

④ DDU(Delivery Duty Unpaid) 관세미지급인도조건
수입지의 지정장소까지 화물을 운반하여 구매자에게 인도하는 시점에서 화물의 위험부담과 비용부담이 판매자로부터 구매자에

게 이전되는 조건이다. 관세는 구매자가 부담한다.

⑤ DDP(Delivery Duty Paid) 관세지급필인도조건
　수입지의 지정장소까지 화물을 운반하여 구매자에게 인도하는 시점에 화물의 위험부담과 비용부담이 판매자로부터 구매자에게 이전되는 조건이다. 관세는 판매자가 부담한다.

FOB, CFR, CIF, DES, DEQ 조건에 포함되는 비용

	FOB	CFR	CIF	DES	DEQ
원가 등	◎	◎	◎	◎	◎
수출통관 비용	◎	◎	◎	◎	◎
해상운임	X	◎	◎	◎	◎
보험료	X	X	◎	◎	◎
수입통관 비용	X	X	X	X	X

인코텀즈 2010 (INCOTERMS 2010)

〈인코텀즈 2010〉은 2011년 1월 1일부터 정식 발효된다.

인코텀즈(INCOTERMS)는 International Commercial Terms의 약칭이며, 국제무역의 발전과 실무에 맞춰 대략 10년을 주기로 개정되고 있다. 국제상업회의소는 2010년 9월 16일 〈인코텀즈 2000〉을 개정한 〈인코텀즈 2010〉을 발간하고, 2011년 1월 1일부터 발효한다고 공표하였다. 부제(副題)는 ICC Rules for the Use of Domestic and International Trade Terms (국내 및 국제 거래조건의 사용에 관한 ICC 규칙)이다.

〈인코텀즈 2000〉과 비교하여 〈인코텀즈 2010〉의 주요 변경사항 및 유의사항에 대해 알아보기로 하자.

〈인코텀즈 2010〉의 주요 변경사항

- 〈인코텀즈 2000〉에서는 E그룹, F그룹, C그룹, D그룹의 4그룹으로 분류하고 있지만, 2010 개정에서는 '모든 운송 수단에도 적합한 규칙'과 '해상 및 내륙수로 운송을 위한 규칙'의 2클래스로 분류하고 있다.

- 〈인코텀즈 2010〉에서는 DAT(delivered at terminal)와 DAP(delivered at place)라고 하는 2개의 규칙이 신설되는 한편, 〈인코텀즈 2000〉의 13개 조건 중에서 DDU, DEQ, DES, DAF의 4개 조건이 폐지되어 규칙의 수는 합계 11이 된다.

- 또 〈인코텀즈 2000〉에서 FOB, CFR, CIF의 해석은 판매자 측으로부터 구매자 측에게의 '위험의 이전'과 '비용의 분담'의 분기점은 'on board'가 아니고 '본선의 난간(ship's rail)'을 통과하는 시점으로 되어 있다. 그런데 〈인코텀즈 2010〉에서는 "물품의 멸실 또는 손상의 위험은 물품이 본선의 선상에 놓여졌을(on board) 때, 또는 그 같이 인도된 물품을 조달(선상매매계약체결)할 때에 이전되고, 구매자는 그 시점 이후의 모든 비용을 부담한다"라고 되어 있다.

인코텀즈 2010 | 인코텀즈 2000

인코텀즈 2010

모든 운송수단에도 적합한 규칙

1.	EXW	공장도인도규칙
2.	FCA	운송인인도규칙
3.	CPT	운송비포함인도규칙
4.	CIP	운송비·보험료포함 인도규칙
5.	DAT	터미널인도규칙 **(신설)**
6.	DAP	지정목적지인도규칙 **(신설)**
7.	DDP	관세지급필인도규칙

해상 및 내륙수로 운송을 위한 규칙

8.	FAS	선측인도규칙
9.	FOB	본선인도규칙
10.	CFR	해상운임포함인도규칙
11.	CIF	해상운임·보험료포함 인도규칙

인코텀즈 2000

출하인도조건 (E-Group)

1.	EXW	공장도인도조건

주요운송비미포함조건 (F-Group)

2.	FCA	운송인인도조건
3.	FAS	선측인도조건
4.	FOB	본선인도조건

주요운송비포함조건 (C-Group)

5.	CFR	해상운임포함인도조건
6.	CIF	해상운임·보험료포함 인도조건
7.	CPT	운송비포함인도조건
8.	CIP	운송비·보험료포함 인도조건

지정목적지인도조건 (D-Group)

8.	DAF	국경인도조건 **(폐지)**
10.	DES	착선인도조건 **(폐지)**
11.	DEQ	부두인도조건 **(폐지)**
12.	DDU	관세미지급인도조건 **(폐지)**
13.	DDP	관세지급필인도조건

인코텀즈 2010과 2000의 주요 비교사항 이야!

- 목적지인도조건이 DDP(관세지급필인도조건)와 2개의 새로운 규칙, 즉 DAT(Delivery at Terminal, 터미널인도규칙) 및 DAP(Delivery at Place, 목적지인도규칙)의 3개로 집약된다. 목적지인도규칙의 경우 지정목적지까지의 물품에 대한 모든 위험과 비용을 판매자(Seller)가 부담하는 것으로 되어 있기 때문에 지정목적지명을 정확하게 명기할 필요가 있다.

DAT(Delivery at Terminal) 터미널인도 규칙

〈인코텀즈 2000〉에서의 DEQ조건의 대용이며, 운송수단에서 하역된 후 구매자의 처분으로 넘어갔을 때에 판매자로부터 구매자에게 물품이 인도되는 것이다.

DAP(Delivery at Place) 지정목적지인도 규칙

〈인코텀즈 2000〉에서의 DAF, DES, DDU조건의 대용이며, 운송수단에서 하역준비가 완료된 후 구매자의 처분으로 넘어갔을 때에 판매자로부터 구매자에게 물품이 인도되는 것이다.

인코텀즈 2010에서 위험과 비용부담의 이전시기 및 구매자와 판매자의 역할

	위험과 비용부담의 이전	운송수배	보험부담	수출지 수출통관*	목적지 수입통관*	목적지 하역비용
1. EXW	출하장소	구매자	구매자	구매자	구매자	구매자
2. FCA	운송인에게 인도되었을 때	구매자	구매자	판매자	구매자	구매자
3. CPT	운송인에게 인도될 때	판매자	구매자	판매자	구매자	구매자
4. CIP	운송인에게 인도될 때	판매자	판매자	판매자	구매자	구매자
5. DAT	지정목적지에서 하역 후	판매자	판매자	판매자	구매자	판매자
6. DAP	지정목적지에서 하역 전	판매자	판매자	판매자	구매자	구매자
7. DDP	지정목적지에서 하역 전	판매자	판매자	판매자	판매자	구매자
8. FAS	선측에 놓여졌을 때 또는 선측에서 매매되었을 때	구매자	구매자	판매자	구매자	구매자
9. FOB	본선에 선적되었을 때 또는 본선상에서 매매되었을 때	구매자	구매자	판매자	구매자	구매자
10. CFR	본선에 선적되었을 때 또는 본선상에서 매매되었을 때	판매자	구매자	판매자	구매자	구매자
11. CIF	본선에 선적되었을 때 또는 본선상에서 매매되었을 때	판매자	판매자	판매자	구매자	구매자

* 〈인코텀즈 2010〉에서는 국내거래에도 적용이 가능하도록 되어 있음.
당연한 것이지만 통관수속은 국제간 거래에만 적용되는 항목임.

〈인코텀즈 2010〉 활용시 유의사항

- 2011년 1월 1일 이후에도 〈인코텀즈 2000〉의 사용이 가능하므로 판매자와 구매자간의 무역거래 조건에서 2000년판, 2010년판 중 어떤 인코텀즈를 적용할 것인가에 대해 명확하게 할 필요가 있다.

예를 들어, FOB · CFR · CIF의 3가지 규칙에서 〈인코텀즈 2000〉과 〈인코텀즈 2010〉의 판매자로부터 구매자에게 물품의 인

도시기 등이 다르기 때문이다.

- '해상 및 내륙수로 운송을 위한 규칙'에 있는 FAS · FOB · CFR · CIF 규칙을 항공화물에 적용하는 것은 맞지 않으므로 각각 FCA · CPT · CIP 규칙의 적용이 바람직하다.

- 터미널에서 인도되는 컨테이너 화물의 경우 FOB · CFR · CIF 규칙의 적용이 맞지 않는 것으로 지적되고 있는 바, 각각 FCA · CPT · CIP 규칙의 적용이 바람직하다.

- 상기 이외에도 다음과 같은 부분에서 변화가 있으므로 참조하였으면 한다.
  - 〈인코텀즈 2000〉은 국제거래에만 이용되었으나 〈인코텀즈 2010〉은 국제거래는 물론 국내거래에서도 이용할 수 있도록 하였음.
  - 2004년 화물보안을 강화하는 미국통일상법전(UCC)의 개정 및 2009년 보험자협회 적하보험 약관(ICC)의 개정 내용을 반영하였음.
  - 거래당사자 사이의 컨테이너 화물조작에 드는 비용인 THC(Terminal Handling Charges)의 할당을 명확히 하였음.
  - 거래당사자 사이의 원활한 무역거래를 위해 전자통신, 안전상의 문제, 연쇄판매, 국내 및 국제무역관련 등에 관한 규칙

을 보다 명확하게 보완 및 개정하였음.

※ 인코텀즈 2010에 대한 자료출처 : 비즈니스 지원센터
(http://cafe.daum.net/easyroad)

각 규칙의 내용

EXW, FCA, CPT, CIP, DDP, FAS

〈인코텀즈 2000〉에서의 내용과 본질적인 내용의 변경은 없음.

FOB, CFR, CIF

화물이 본선의 선상에 놓여졌을((on board) 때, 또는 그 같이 인도된 물품을 조달(선상매매계약체결)할 때에 모든 위험부담 및 비용부담이 판매자로부터 구매자에게 이전된다. 한편 CFR은 수입항까지의 운임을 판매자가 부담하고, CIF는 수입항까지의 운임과 해상보험료를 판매자가 부담하는 것은 〈인코텀즈 2000〉에서의 내용과 같다.

DAT, DAP

DAT는 지정목적지에서 화물이 하역된 후 구매자에게 인도되었을 때에 위험부담과 비용부담이 구매자에게 이전된다. 그리고 DAP는 화물이 지정목적지에 도착하여 하역 전에 구매자에게 인도되고 이때부터 위험부담과 비용부담이 구매자에게 이전된다.

⟨인코텀즈 2010에서 판매자와 구매자의 의무⟩

A	판매자의 의무	B	구매자의 의무
A1	판매자의 일반적 의무 (변경)	B1	구매자의 일반적 의무 (변경)
A2	허가, 인가, 안전확인 및 기타의 수속 (변경)	B2	허가, 인가, 안전확인 및 기타의 수속 (변경)
A3	운송 및 보험계약	B3	운송 및 보험계약
A4	인도	B4	인도된 것을 수취
A5	위험의 이전	B5	위험의 이전
A6	비용의 할당	B6	비용의 할당
A7	구매자에게 통지	B7	판매자에게 통지
A8	인도서류 (변경)	B8	인도의 증거 (변경)
A9	검사 – 포장 – 하인(shipping mark)	B9	물품의 검사
A10	정보에 의한 조력 및 관련비용 (변경)	B10	정보에 의한 조력 및 관련비용 (변경)

⟨인코텀즈 2000에서 판매자와 구매자의 의무⟩

A	판매자의 의무	B	구매자의 의무
A1	계약에 합치한 물품의 제공	B1	대금의 지불
A2	허가, 인가 및 수속	B2	허가, 인가 및 수속
A3	운송 및 보험계약	B3	운송 및 보험계약
A4	인도	B4	인도된 것을 수취
A5	위험의 이전	B5	위험의 이전
A6	비용의 분담	B6	비용의 분담
A7	구매자에게 통지	B7	판매자에게 통지
A8	인도의 증거, 운송서류 또는 동등의 전자메시지	B8	인도의 증거, 운송서류 또는 동등의 전자메시지
A9	검사 – 포장 – 하인(shipping mark)	B9	물품의 검사
A10	기타의 의무	B10	기타의 의무

웨이빌(Waybill)에 관해서

Waybill에 관한 지식을 익히자.

무역거래에서 새로운 서류가 생긴다든가, 수속방법이 변경된다든가 하는 일은 자주 있다. 무역실무자는 이러한 변화에 재빨리 대응해야 한다.

최근 수년간 무역실무에서 선하증권(B/L)을 대신하여 웨이빌(Waybill)이 자주 사용되고 있다. 웨이빌이란 어떤 것인지 알아보자.

웨이빌(Waybill)의 성질
- 화물의 수취증이다.

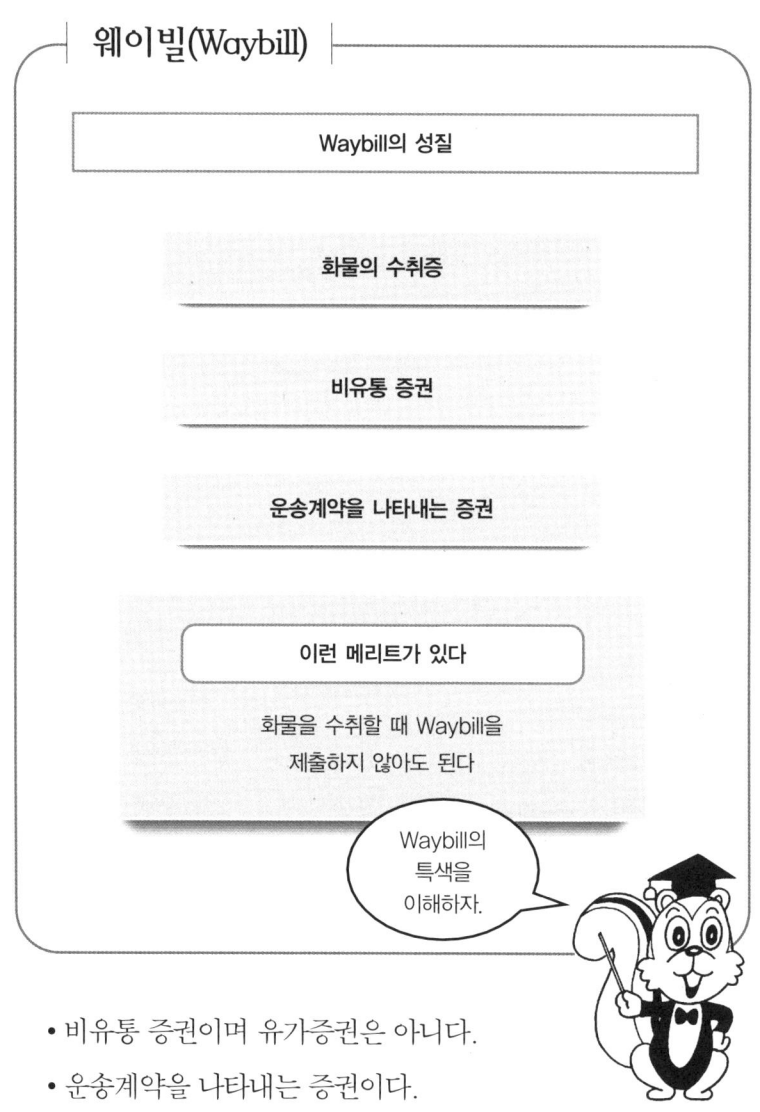

- 비유통 증권이며 유가증권은 아니다.
- 운송계약을 나타내는 증권이다.

웨이빌은 선하증권처럼 유가증권이 아니며, 단순히 화물의 운송증권이라는 것을 알아두자. 또한 웨이빌을 이용함으로써 어떠한 이점이 있을까.

웨이빌의 메리트
- 수입지에서 화물을 수취할 때 웨이빌을 제출하지 않아도 화물을 인수할 수 있다.
- 화물 도착 후 즉시 수입자가 화물을 수취하는 것이 가능하며 보관료를 절약할 수 있다.

이처럼 웨이빌 이용의 메리트가 많기 때문에 모회사와 해외의 자회사 간의 거래나, 오랜 기간에 걸쳐 거래가 이루어지고 있으며 신뢰할 수 있는 회사 간의 거래에 이용되고 있다.

세관업무에 관심을 갖자

세관의 업무를 이해하고 상담이나 질문이 있을 경우에는 이용하자.

무역실무를 하는 데는 세관과의 관계가 중요하다. 실제의 통관업무에서는 통관업자가 수출자·수입자의 대리라는 형태로 일하지만 수출자·수입자가 직접 세관과 관련을 갖는 경우도 많다.

세관의 주요 업무
① 수출입 화물의 통관수속

세관은 수출입 신고가 올바른 방법으로 이루어지고 있는지 확인한다. 세관은 수출입 신고에 대해서 신중하게 서류심사를 실시한다.

세관의 업무를 이해하자

- 수출입 화물의 통관수속
- 관세의 징수
- 밀수 단속
- 보세지역 관리
- 각종 통계자료의 작성, 공표
- 각종 상담창구 개설

세관은 수출자와 수입자의 좋은 상담 상대이다.

> 세관이 우리와 가까워졌다. 홈페이지를 열어보면 도움이 되는 정보가 가득하다. 마음 편히 접속해보자.

② 관세의 징수

수입품에 부과되는 관세나 부가가치세를 징수한다. 또한 외국무역에 종사하는 선박으로부터 톤세, 특별톤세를 징수한다.

③ 밀수 단속

마약, 총기류 등을 단속, 적발한다.

④ 보세지역 관리

보세지역을 관리, 감독한다.

⑤ 무역통계를 작성, 공표

세관에서는 관내에서 수출입된 화물에 관해 무역통계를 작성하여 공표하고 있다.

⑥ 여러 가지 상담

세관은 홈페이지를 공개하고 다양한 서비스를 하고 있다. 무역 상담 창구에서는 다양한 상담에 대응해준다.

세관의 홈페이지(39페이지)에는 유용한 내용이 많이 있으므로 정보수집 창구로 이용해보면 많은 도움이 될 것이다.

보세지역

보세지역의 종류와 역할을 확인하자.

　수출하는 화물 또는 수입하는 화물은 원칙적으로 보세지역에 반입된 후에 신고수속을 한다. 보세지역이란 외국 화물의 관세를 일반적으로 유보할 수 있는 장소로 관세법 제29조(우리나라는 관세법 제7장)에 따라서 현재 다음의 5종류가 지정되어 있다.

지정보세지역(DBA, Designated Bonded Area)
　국가나 지방공공단체의 토지나 건물을 재무장관이 지정한 것이다. 화물의 장치기간은 원칙적으로 1개월이다.

한국의 경우

우리나라의 경우 지정보세구역이라 한다. 국가, 지방자치단체, 공항 또는 항만시설을 관리하는 법인이 소유 또는 관리하는 토지, 건물, 기타 시설을 세관장이 지정보세구역으로 지정할 수 있다. 지정보세구역에는 세관검사장과 지정장치장이 있다.

세관검사장은 통관을 하고자 하는 물품을 검사하기 위한 장소이며, 지정장치장은 통관을 하고자 하는 물품을 일시 장치하기 위한 장소이다. 지정장치장의 물품 장치기간은 6월의 범위 내에서 관세청장이 정하도록 되어 있으며, 관세청장이 정하는 기준에 의하여 세관장은 3월의 범위 이내에서 그 기간을 연장할 수 있도록 되어 있다.

보세장치장(BW, Bonded Warehouse)

세관장이 허가한 민간의 것으로 개인이 운영하는 CFS나 CY, 해상화물 운송업자나 통관업자의 창고 등이 이에 해당한다. 보세장치장은 수출입 화물의 세관수속에 자주 이용된다. 화물의 장치기간은 원칙적으로 3개월이다. 이 기간을 넘을 경우는 IS(Import Storage)의 승인이 필요하므로 주의가 요구된다.

한국의 경우

우리나라는 보세장치장을 영어로 Bonded Storage로 표현하고 있다. 보세장치장이란 특허보세구역의 하나로서 개인이 설치하여 세관장의 허가를 받아 통관 절차를 취하려고 하는 물품을 장치하는 곳이다. 보세장치장의 물품의 장치 기간은 물품을 투입한 날로부터 6개월이다. 현행의 관세법에는 보세장치장에 대한 별도의 조항은 없으며, 그 대신에 보세창고(제7장 제3절 제2관 제183조)에 관한 조항이 있다.

보세공장(BMW, Bonded Manufacturing Warehouse)

세관장이 허가한 외국 화물의 관세를 유보한 채로 외국 화물의 가공, 제조, 개장(改裝), 화물의 분류 등을 할 수 있는 장소이다. 화물의 장치기간은 원칙적으로 2년으로 되어 있다.

한국의 경우

우리나라에서는 보세공장을 영어로 Bonded Factory라고도 한다. 세관장이 허가한 범위 안에서는 내국물품만을 원료로 하거나 재료로 하여 작업을 할 수도 있다. 장치기간은 다음 각목의 1에서 정하는 기간이다.

- ㉮ 외국물품(하기 ㉰목에 해당하는 물품을 제외한다) : 1년의 범위 내에서 관세청장이 정하는 기간. 다만, 세관장이 필요하다고 인정하는 경우에는 1년의 범위 안에서 그 기간을 연장할 수 있다.
- ㉯ 내국물품(하기 ㉰목에 해당하는 물품을 제외한다) : 1년의 범위 안에서 관세청장이 정하는 기간
- ㉰ 정부비축용 물품, 정부와의 계약이행을 위하여 비축하는 방위산업용 물품, 장기간 비축이 필요한 수출용 원재료와 수출품보수용 물품으로서 세관장이 인정하는 물품, 국제물류의 촉진을 위하여 관세청장이 정하는 물품 : 비축에 필요한 기간

보세전시장(BDA, Bonded Display Area)

국제전시회나 시연회 등으로 외국 화물을 전시하기 위해 세관장이 허가한 것으로, 화물의 장치기간은 원칙적으로 1개월이다.

>>> ———————————————————————— 한국의 경우

우리나라의 경우 영어로는 'Bonded Exhibition Ground'라고도 한다. 보세전시장에서의 물품 장치기간은 해당 박람회 등의 전시기간을 고려하여 세관장이 정하도록 되어 있다.

———————————————————————— <<<

종합보세지역(IBA, Integrated Bonded Area)

수입촉진을 위해 외국 화물의 전시 등 종합적으로 활용하는 장소이다. 세관장이 허가하고, 화물의 장치기간은 원칙적으로 2년이다.

>>> ———————————————————————— 한국의 경우

우리나라에서는 종합보세구역이라 한다. 종합보세구역의 지정에 대한 관세법의 조항을 살펴보면 다음과 같다. (관세법 제7장 제4절 제 197조)
① 관세청장은 직권 또는 관계중앙행정기관의 장이나 지방자치단체의 장 그 밖에 종합보세구역을 운영하고자 하는 자(이하 "지정요청자"라 한다)의 요청에 의하여 무역진흥에의 기여정도, 외국물품의 반입·반출물량 등을 고려하여 일정한 지역을 종합보세구역으로 지

정할 수 있다.
② 종합보세구역에서는 보세창고·보세공장·보세전시장·보세건설장 또는 보세판매장의 기능 중 둘 이상의 기능(이하 '종합보세기능'이라 한다)을 종합적으로 수행할 수 있다.
③ 종합보세구역의 지정요건·지정절차 등에 관하여 필요한 사항은 대통령령으로 정한다.

보세지역에 대한 한국의 경우

보세지역을 우리나라에서는 보세구역이라 한다. 관세법 제7장에 의거하여 지정되고 있는데 일본의 제도와 거의 유사하다.

우리나라의 경우를 간략히 살펴보면, 보세구역은 세관에서 직접 관리하는 지정보세구역과 개인이 허가를 받아 운영하는 특허보세구역으로 구분되어 있다. 지정보세구역은 다시 지정장치장과 세관검사장으로 구분되며, 특허보세구역은 보세창고, 보세공장, 보세전시장, 보세건설장 및 보세판매장으로 구분되고 있다.

지정장치장은 통관을 하고자 하는 물품을 일시 장치하기 위한 장소로서 세관장이 지정하는 구역으로 한다고 관세법에 명시하고 있으며, 물품의 장치기간은 6월의 범위 내에서 관세청장이 정한다. 다만, 관세청장이 정하는 기준에 의하여 세관장은 3월의 범위 이내에서 그 기간을 연장할 수 있다. 세관검사장은 통관을 하고자 하는 물품을 검사하기 위한 장소로서 세관장이 지정하는 지역으로 한다고 규정되어 있다.

특허보세구역에 관해서는, '특허보세구역을 설치·운영하고자 하는 자는 세관장의 특허를 받아야 한다. 기존의 특허를 갱신하고자 하는 경우에도 또한 같다'고 규정하고 있다. 그리고 '특허를 받을 수 있는 요건은 보세구역의 종류별로 대통령령이 정하는 기준에 따라 관세청장이 정한다.'고 명시되어 있다. 특허보세구역의 특허기간은 다음과 같다.

① 특허보세구역의 특허기간은 10년 이내로 한다.
② 제1항의 규정에 불구하고 보세전시장 및 보세건설장의 특허기간은 다음 각호의 1과 같다. 다만, 세관장은 전시목적의 달성 또는 공사의 진척을 위하여 부득이하다고 인정할만한 사유가 있는 때에는 그 기간을 연장할 수 있다.
 • 보세전시장 : 당해 박람회 등의 기간을 고려하여 세관장이 정하는 기간
 • 보세건설장 : 당해 건설공사의 기간을 고려하여 세관장이 정하는 기간

이 같은 보세구역지정제도의 기능을 알아보면 다음과 같다.
 • 관세징수권의 확보   • 통관질서의 확립 (무신고수리 수입방지)
 • 통관업무의 효율화   • 수출지원 (보세공장)

한편 보세구역과 유사한 제도로서 자유무역지대(Free Trade Zone), 자유항(Free Port) 그리고 수출자유지역(Export Free Zone)이 있다. 보세구역과 자유지역은 외국물품을 보세 상태에서 역내에 반입할 수 있다는 점에서는 같다.

그러나 보세구역에 장치된 화물은 세관의 엄격한 통제를 받는 반면 자유지역은 비세관지역으로서 원칙적으로 관세법의 적용이 배제되고 세관의 통제는 외곽관리와 물품이 역외로 반출되는 것을 감시하는 데 그치고 있다. 그 설치목적이 주로 수출물품의 가공이나 중계무역상품을 장치하는 데 있다는 점에서 서로 다르다.

보세에 관한 용어

보세(Bond)
수입화물에 대해 관세를 유보하는 것.

보세운송(Transportation in Bond)
보세제도의 한 가지 형태. 세관의 승인을 받은 외국 화물은 보세상태 그대로 보세지역간을 운송하는 것.

보세작업(Bonded Manufacturing)
외국 화물의 가공, 외국 화물을 원료로 하는 제조, 외국 화물의 개장, 화물분류 등을 하는 작업을 말한다.

세관검사에 관한 용어

검사지정표
세관검사의 대상이 되는 것을 알리는 서류.

검사장 검사
세관관서의 검사장 또는 특정 검사장에서 화물의 검사를 하는 검사이다.

현장검사
세관의 검사장에 반입이 곤란한 화물에 대해 대상화물이 장치되어 있는 장소에 세관의 담당자가 가서 검사하는 것.

컨테이너

컨테이너의 종류를 이해하자.

컨테이너의 종류
① 드라이 컨테이너(Dry Container)
일반잡화나 전기제품 등을 수송하는 컨테이너로 가장 일반적인 컨테이너이다.

② 냉동 컨테이너(Reefer Container)
컨테이너 안이 일정한 온도를 유지하도록 설정되어 있는 컨테이너이다. 야채나 과일 등 신선한 식료품을 중심으로 이용되고 있다.

③ 오픈 탑 컨테이너(Open Top Container)

통상적인 컨테이너에 들어가지 않는 대형화물의 수송에 이용되는 컨테이너이다. 컨테이너의 천장 부분을 열 수 있도록 설계되어 있다.

④ 하이 큐브 컨테이너(High Cube Container)

길이가 40피트 컨테이너 중에 높이가 9피트 6인치인 컨테이너를 말한다.

그밖에 특수화물의 수송에 적합하게 되어 있는 컨테이너로 탱크 컨테이너(Tank Container)나 벌크 컨테이너(Bulk Container)가 있다.

컨테이너에 관한 용어

Chassis
컨테이너를 탑재하기 위한 대차(台車)를 말한다. 육상수송의 경우는 전용 트레일러가 수송한다.

Double Stack Train
미국의 철도에 의한 해상 컨테이너의 수송방법. 컨테이너를 2단으로 쌓아 적재한 화차를 이용해서 수송한다.

본선에 관한 용어

Anchor	닻
Winch	윈치(감아올리는 기계)
Traps	본선의 선측에 설치되어 있는 계단
Chart Roon	해도실(海圖室)
Derrick	간이 기중기
Hatch	선창(船倉)의 입구
Draft	배의 흘수(吃水)
Hand Rail	배의 난간
Funnel	연통
Bridge Deck	선교갑판(船橋甲板)

해상보험

해상보험의 종류를 이해하자.

화물이 해상운송되어 하주(荷主)에게 인도되기까지 여러 가지 위험이 도사리고 있다. 해상수송을 할 때는 선박이 침몰이나 좌초, 도난당할 위험이 항상 도사리고 있다. 이러한 위험에서 지켜주는 것이 화물해상보험이다.

수출자나 수입자가 보험수속을 하지만 어느 쪽이 보험수속을 해야 하는가는 인코텀즈의 무역조건에 의해 결정된다. 예를 들면 수출에서 CIF 조건의 경우는 수출자가 해상보험을 부보(付保)한다. 수출자는 보험회사에 목적지, 적재본선명, 화물의 수량, 개수, 금액 등을 통지하고 보험수속을 하여 보험증권을 수령한다.

보험의 종류

① All Risk(A/R) 전위험보험(全危險擔保)

전쟁위험, 동맹파업 위험을 제외한 모든 위험에 대해 전보(塡補)되는 조건.

② Total Loss Only(TLO) 전손만 담보(全損擔保)

화물이 전멸 또는 전멸을 추정할 수 있는 경우에 전보되는 조건.

③ Free from Particular Average(FPA)
　단독해손부담보(單獨海損不擔保)

전손 및 공동해손의 경우에 전보되는 조건으로, 단독해손은 특정의 것을 제외하고 전보되지 않는다.

④ With Average(WA)
　단독해손담보(單獨海損擔保), 분손담보(分損擔保)

전손, 공동해손, 분손의 경우에 전보되는 조건.

⑤ General Average(GA) 공동해손(共同海損)

항해 중 본선에 침몰 등의 위험이 닥쳐올 때 이 위험을 회피하기 위해 본선에 실려 있는 화물의 일부를 투기(投棄)한 경우의 손해로서 이것으로 이익을 본 쪽이 공동으로 그 손해를 부담한다.

해상보험에 관한 용어

보험자(Insurer)
보험계약을 인수하는 쪽으로 통상 보험회사를 가리킨다.

피보험자(Insured)
보험계약에 의해 손해에 대한 보전을 받는 쪽을 말한다.

보험금액(Insured Amount)
보험계약자가 부보한 금액으로 만일의 사고가 일어날 때 보험자로부터 지불받는 최고 한도의 보험액.

보험료(Premium)
보험자의 위험부담에 대한 대가로 보험계약자가 보험자에게 지불하는 금액.

보험요율
보험금액에 대한 퍼센트로 나타낸 것.

보험기간
보험자의 책임이 시작되는 시점에서 종료까지의 기간.

희망이익
화물이 항해 도중에 소멸한다든가 손상을 입었을 경우에 구매자가 그 화물을 매각함으로써 얻게 되는 이윤, 이익을 말한다.

수입을 기획할 때의 포인트

수입을 기획할 때의 포인트를 파악하자.

수입거래 성공의 관건은 무엇보다도 수입한 상품이 반드시 팔리는 것이다. 그렇게 되려면 사전 시장조사가 큰 의미를 지닌다. 소비자는 무엇을 바라고 있는가, 어떠한 상품을 좋아할까, 가격은 어느 정도로 정하면 팔릴 것인가를 충분히 조사, 연구해야 한다. 소비자의 구매의식이나 행동을 파악하기 위해 항상 노력하는 것이 중요하다.

수입을 기획할 때 주의해야 할 점
- 규제완화에 따라 수입이 자유로워졌지만 아직 수입상품에

관해서 허가, 승인, 신청 등의 절차가 필요한 것도 많다.
- 관세에 대한 지식을 확실하게 파악해두자. 수입상품에 부과될 관세, 부가가치세액이 생각보다 많아지는 경우도 있다.
- 과거 인기상품이나 경쟁상대의 상품, 더욱이 최근 수년간의 인기상품 등을 조사해보자. 거래에 도움이 될 만한 요소가 반드시 있을 것이다. 수입자는 끊임없이 안테나(정보망)를 펴고 새로운 정보를 입수해야 한다.
- 수입상품에는 계절적인 문제가 있다. 계절에 따라 상품가치가 다르다. 상품의 발주 타이밍, 상품의 도착시기는 큰 문제가 된다. 타이밍을 놓치면 상품가치를 잃어버리기도 하므로 주의가 필요하다.

수입신용장 개설준비

수입신용장을 개설하는 데 필요한 서류와 절차를 확인해두자.

계약이 성립되면 수입자는 거래은행에 수출자 앞으로 신용장 개설을 의뢰한다. 개설절차에 필요한 서류를 작성하여 거래은행에 제출한다.

① 은행거래약정서
은행의 여신거래에 필요한 기본적인 약정서.

② 상업신용장약정서
개설은행은 수입자를 대신하여 수출자에게 대금의 지불을 보

증한다. 다시 말해 수입자에 대한 여신행위가 되는 것이다. 개설은행과 신용장 개설의뢰인 사이에 신용장 거래에 관한 권리·의무 등을 정한 상업신용장약정서가 필요하다.

③ 신용장개설의뢰서

신용장의 개설을 거래은행에 의뢰할 때 작성하는 서류이다. 수입자가 작성한다. 필요사항을 기입한 후 거래은행에 제출한다. 신용장의 조건이 계약서의 내용과 일치하는지, 기입사항이 정확한지, 상호 모순은 없는지 등을 충분히 체크하고 제출한다.

은행은 수입자를 대신하여 대금을 보증하기 때문에 수입자의 신용상태에 따라서 담보를 요구하는 경우도 있다. 또한 신용장의 개설에는 개설수수료가 부과된다.

수입규제

수입금지품이나 수입상품을 규제하는 법률에 관해 확인하자.

현재 일본에서는 규제가 완화되어 비교적 자유롭게 여러 가지 상품을 수입할 수 있게 되었다. 그러나 상품에 따라서는 수입이 금지된 것, 승인이나 허가 등의 절차가 필요한 것이 있다.

수입금지품

일본의 경우 관세정률법 제21조에 의해 다음 품목은 수입이 금지되고 있다.

- 코카인, 헤로인 등의 마약, 대마, 환각제 등
- 권총, 기관총, 소총 등

- 화폐, 지폐
- 공안 또는 풍속을 해치는 서적, 그림 등
- 특허권, 실용신안권, 의장권 등을 침해하는 것

수입을 규제하는 일본 국내법

수입하는 상품은 일본 국내의 개별 법률에 의해서도 규제되고 있다.
- 경제산업성 : 화약류 단속법, 알코올 전매법, 고압가스 단속법 등
- 후생노동성 : 독물 및 극물 단속법, 약사법, 식품위생법 등
- 농림수산성 : 식물방역법, 가축전염예방법, 식량관리법 등

> **Point**
>
> **일본의 경우 수입할 때 경제산업대신의 승인이 필요한 것**
>
> ① 수입할당 품목(IQ 품목) : 생선, 해초, 견직물 등
> ② 수입공표 2호 품목 : 이라크로부터 수입하는 화물, 캄보디아로부터 수입하는 목재 등
> 상세한 내용은 관보나 경제산업성 공보로 확인하면 된다.

한국의 경우

우리나라에서는 관세법에서 수입물품의 제한 또는 규제에 관해 규정하고 있다. 그리고 관세법 시행규칙, 관세법 시행령에서 구체적으로 정하고 있다. 국내외 상황에 따라 법이 개정되기 때문에 수입금지 또는 규제에 대한 조항을 열거하지 않으므로 필요하다면 직접 관세법에서 관련조항을 찾아보길 바란다.

우리나라에서도 수입 금지품에 대한 규제완화가 많이 되었으며, 비교적 자유롭게 여러 가지 상품을 수입할 수 있다. 그러나 상품에 따라서는 수입이 금지된 것, 개별 법률에 의거하여 승인이나 허가 등의 절차가 필요한 것이 있다.

우리나라의 현행 관세법은 수입규제 품목에 대해서 아래와 같이 명기하고 있다.

1. 수입금지품목

관세법 제234조에서 수출입 금지 물품은 다음과 같다.
① 헌법질서를 문란하게 하거나 공공의 안녕질서 또는 풍속을 해치는 서적·간행물·도화·영화·음반·비디오물·조각물 기타 이에 준하는 물품
② 정부의 기밀을 누설하거나 첩보활동에 사용되는 물품
③ 화폐·채권 기타 유가증권의 위조품·변조품 또는 모조품

또한 동법 제235조에서는 지식재산권 보호에 관련하여 상표권, 저작권, 프로그램저작권 등을 침해하는 물품에 대한 수출입 금지 또는 규제에 대해서 명시하고 있다.
[개정 2007.12.31] [시행일 2008.1.1]

2. 통관요건

관세법 제226조 제1항에서는 '허가·승인 등의 증명 및 확인'에 대해 규정하고 있는 바, 그 조문을 보면 「수출입에 있어서 법령이 정하는 바에 의하여 허가·승인·표시 기타 조건의 구비를 요하는 물품은 세관장에게 그 허가·승인·표시 기타 조건을 구비한 것임을 증명하여야 한다.」고 되어 있다. 또한 관세법 제226조 제2항에서는 「통관에 있어서 제1항의 구비조건에 대한 세관장의 확인이 필요한 수출입물품에 대하여는 다른 법령의 규정에 불구하고 그 물품과 확인방법·확인절차 그밖에 필요한 사항을 대통령령이 정하는 바에 의하여 미리 공고하여야 한다. [개정 2006. 3. 24]」라고 정하고 있다.

어떠한 물품을 수입하려면 가장 먼저 수입하고자 하는 물품에 대해 어떠한 규제가 있는지를 확인하고 만약 수입제한 또는 규제에 따라 수입허가나 수입추천을 받아야 한다면 추천 등의 요건을 구비하여 수입승인을 받을 수 있는지 여부를 검토하여야 한다.

그러기 위해서는 수입하려는 제품에 대한 정확한 HS Code (관세율표 포함 수출입총람)를 파악한 후 수입요령에 대하여 사전 검토할 필요가 있다.

따라서 수입물품에 대한 규제 여부는 먼저 HS번호를 파악하고 수출입총람에서 해당 HS번호를 찾아보면 알 수 있다.

우리나라에서도 일본과 같이 다음의 물품에 대해서는 법에 의해 수입이 금지 또는 규제되고 있다.

① 코카인, 헤로인 등의 마약, 대마, 환각제 등
② 권총, 기관총, 소총 등
③ 화폐, 지폐
④ 공안 또는 풍속을 해치는 서적, 그림 등
⑤ 특허권, 실용신안권, 의장권 등을 침해하는 것

> **Point**
>
> ### 일본 인터넷 쇼핑몰
>
> 다음의 인터넷 쇼핑몰에서 수출입품에 관한 정보를 얻을 수 있다.
> - 야후 쇼핑　　　　http://shopping.yahoo.co.jp/
> - 구 쇼핑　　　　　http://shop.goo.ne.jp/
> - 라쿠텐(樂天) 시장　http://www.rakuten.co.jp/

실행관세율표

> 실행관세율표는 수입상품의 세(稅) 번호를 결정할 때 사용하는 일람표.

　수입통관을 할 경우 통관업자는 수입자로부터 수령한 인보이스나 상품 카탈로그를 참고로 하여 관세의 세율을 결정한다. 이때 사용하는 것이 실행관세율표(Customs Tariff Schedules of Japan)이다.

　통관업자는 상세하게 검토하여 해당하는 세(稅) 번호(세번, HS번호)를 결정하고 수입신고 서류를 작성한다. 세번이 정해지면 그 상품에 대한 세율이 확정된다. 세번을 잘못 정하면 수입상품에 대한 관세율이 크게 달라지기 때문에 세번을 결정할 때는 충분한 검토와 주의가 필요하다.

한국의 경우

우리나라에서는 수입상품에 대한 관세를 부과하기 위해서 관세율표가 있다. 관세율표는 '수출입총람'에 포함되어 있다. 관세율표에서 수입상품에 대한 관세를 알기 위해서는 먼저 해당상품에 대해 카탈로그나 관련 자료를 참고로 하여 HS번호를 파악한다. HS번호를 알기 어려울 경우에는 관세청에 문의하면 도움을 받을 수 있다. '수출입총람'에 있는 관세율표에서 해당 HS번호를 찾으면 관세율 및 수출입절차 등에 대해 알 수 있다.

HS Code란 전 세계에서 공통적으로 사용하고 있는 품목분류체계로서 Harmonized System(The Harmonized Commodity Description and Coding System)의 약어이다. 우리나라에서는 1988년부터 관세율 및 수출입품목에 대한 규제 여부를 정하는데 있어서 동 체계에 따라 분류한 품목분류체계를 이용하고 있다. HS 번호는 6단위로 구성되어 있으며, 국가별로 여건을 감안하여 4단위를 추가하여 10단위를 사용할 수 있도록 하고 있다. 현재 우리나라는 수출품목은 HS 6단위로, 수입품목은 HS10단위 기준으로 수출입규제 여부를 정하고 있다.

이 같은 HS번호는 수입규제 여부를 검토하기 시작하는 단계에서 파악하여 정할 필요가 있으며, 이에 따라 관세가 정해지기 때문에 잘못 정하게 되면 수입상품에 대한 관세율이 크게 달라지므로 HS번호를 결정할 때는 충분한 검토와 주의가 필요하다.

통관에 관한 용어

재수입(Re-Import)
외국에 수출한 화물을 수출할 때의 모양, 형태, 성질을 바꾸지 않고 다시 수입하는 것.

수입허가 전 인수(Before Permit)
수입허가를 받기 전에 수입화물을 법률에 따라 국내로 인수하는 것.

멸각(Extinction)
대상화물을 태운다든가, 바다에 버린다든가 하여 그 형태를 알 수 없게 된 것.

본선 처리
수출입 화물을 본선에 실은 상태 그대로 수출입 통관수속을 하는 것.

부(작은 배)중 처리
수출입 화물을 작은 배에 실은 상태 그대로 수출입 통관수속을 하는 것.

반입
화물을 보세지역에 들여오는 것.

타소(他所)장치
원칙적으로 외국 화물은 보세지역에 반입해야 하지만 화물의 성질에 따라 세관장의 허가를 받고 그 화물을 보세지역 이외에 장치하는 것.

관 세

관세에 관한 지식을 익히자.

관세란 외국으로부터 화물을 수입할 때 징수하는 세금으로 국내 산업의 보호와 국가의 재원확보에 목적이 있다.

관세액을 산정하기 위해서 기준이 되는 가격이나 수량을 과세표준이라 하고, 이것에 관세율을 곱해서 나온 것을 과세액이라 한다.

관세율에는 통상의 수입화물에 적용되는 일반세율과 10만 엔 이하의 물품이나 별송품 등에 적용되는 간이세율이 있다.

한국의 경우

우리나라의 경우 관세법(제3장, 세율 및 품목분류)을 근거로 하여 정해진 관세율에 따라 관세를 산정한다. 수입물품에 부과되는 관세율의 종류는 국정세율로서 기본세율과 잠정세율 등이 있다.

잠정세율은 기본세율을 잠정적으로 수정한 세율이다. 특정화물에 대해 기본세율을 수정할 필요가 있을 때 적용하는 세율로 대개 대량으로 수입할 때 발생된다. 수입업자에게 일정한 기간에 한하여 기본세율보다 낮은 세율을 적용하며, 설정 사유가 소멸되는 경우에는 즉시 기본세율로 환원되고, 기본세율에 우선하여 적용된다는 특징을 지닌다.

그리고 대통령령으로 정하여 기본세율의 적용을 정지시키는 탄력관세율이 있는데 그 종류는 반덤핑방지관세를 포함하여 10종류가 있다. (관세법 제3장 제2절 세율의 조정)

다음으로 WTO협정세율 등과 같이 국가 간 또는 WTO와 같은 국제기구의 협정에 따른 협정세율이 있다.

한편 관세율의 적용순서는 협정세율이 국가간의 협정에 따라 결정된 관세율이므로 국정세율에 우선하여 적용된다. 그리고 국정세율의 적용순서는 잠정세율이 기본세율에 우선하고 탄력관세율은 기본세율 및 잠정세율에 우선하여 적용된다.

관세, 소비세의 산정방법을 이해하자

① 계산방법

- 수입관세 = CIF 가격 × 관세율(%)
- 소비세 = (CIF 가격 + 수입관세) × 소비세율(%)

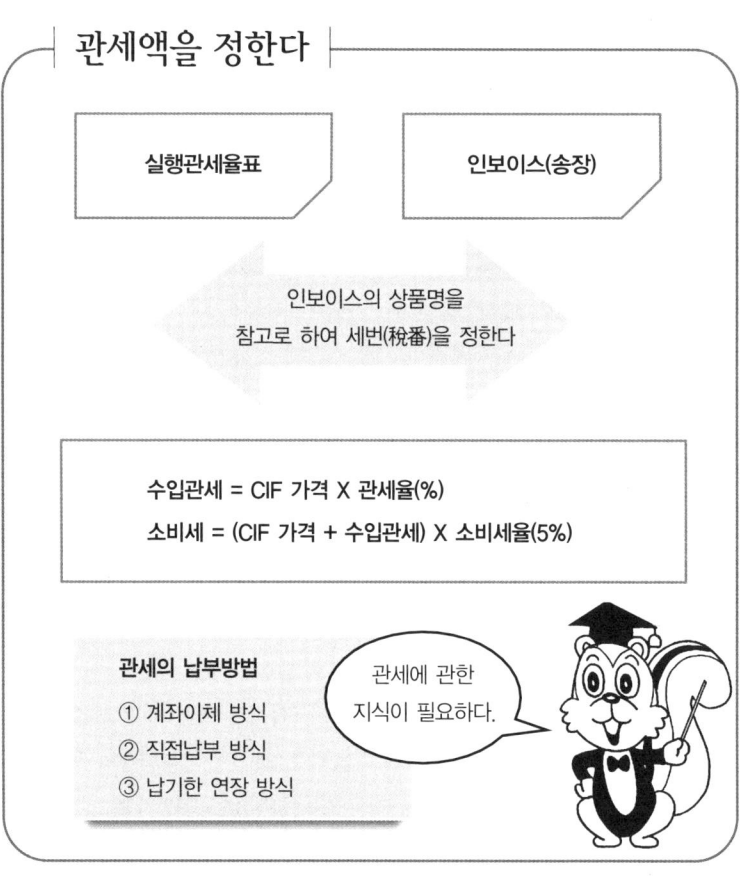

• 수입자가 지불하는 금액 = 수입관세액 + 소비세액

② 관세의 확정시기

관세의 확정시기는 수입신고할 때 화물의 성질, 수량에 따라서 결정된다.

한국의 경우

우리나라의 경우 수입하려는 해당 제품의 카탈로그나 기타 자료를 바탕으로 하여 HS코드집에서 HS번호를 정한다. 그리고 관세 및 부가가치세를 산출한다.

일본의 소비세는 우리나라의 부가가치세에 해당된다. 우리의 부가가치세는 10%이지만 일본의 소비세는 5%이다. 우리나라의 수입상품에 대한 관세, 부가가치세의 산정방법을 보면 일본과 거의 같다고 할 수 있다.

수입관세 = (CIF 가격 × 과세환율) × 관세율
부가가치세 = (관세의 과세가격 + 수입관세) × 부가가치세율(10%)
수입자가 지불하는 금액 = 수입관세액 + 부가가치세액

위의 내용은 일반제품의 경우이며, 수입하는 제품에 따라서는 특별소비세(주세), 교통세, 교육세, 농어촌특별세 등의 세금이 관세, 부가가치세액과는 별도로 부과되는 경우가 있다. 이 경우 부가가치세액의 산정은 '관세의 과세가격+수입관세'에다 해당되는 세액을 포함한 금액을 기준으로 하여야 한다.

③ 관세의 확정방법
신고납세 방식과 부과과세 방식의 두 가지가 있다.

④ 관세의 납부의무자
화물(수입상품)의 수입자가 관세의 납부의무자이다.

⑤ 관세의 납부방법

계좌이체 방식, 직접납부 방식, 납기한 연장 방식

>>> **한국의 경우**

우리나라의 경우 관세 등을 원칙적으로 수입신고가 수리된 날로부터 15일 이내에 국고수납은행 또는 우체국에 납부하도록 하는 사후 납부방법을 채택하고 있다. 그리고 관세감면제도에 따라 관세를 감면받을 수 있으며, 징수기간 연장 또는 분할납부제도도 있다.

<<<

>>> **간이세율에 관해서**

간이세율은 관세율을 유사물품에 대한 평균세율로 함으로써 세액산출을 신속하게 하기 위해 마련된 제도이다. 간이세율이 적용되는 물품은, 다음 각호의 1에 해당하는 물품 중 대통령령이 정하는 물품으로 명시하고 있다.

① 여행자 또는 외국에 왕래하는 운수기관의 승무원이 휴대하여 수입하는 물품
② 우편물, 다만 수입신고를 하여야 하는 것을 제외한다.
③ 외국에서 선박 또는 항공기의 일부를 수리 또는 개선하기 위하여 사용된 물품
④ 탁송품과 별송품.

> ### 관세에 관한 용어
>
> **간이세율**
> 간이세율에는 소액 화물에 대한 간이세율과 휴대품·별송품(別送品)에 대한 간이세율이 있다.
> - 소액 화물에 대한 간이세율법(관세정률표) : 수입화물 과세가격의 합계액이 10만 엔 이하인 경우에 적용된다.
> - 입국자의 수입화물에 대한 간이세율표(관세정률표) : 일본에 입국하는 자가 입국할 때 휴대 또는 별송해서 수입하는 화물에 대해 적용된다.
>
> **특혜관세**
> 개발도상국의 원산품 수입에 관해서 관세를 경감 또는 면제하는 것이다. 그렇게 함으로써 수입을 촉진시켜 개발도상국의 무역수지 개선을 꾀하는 제도이다.
>
> **특혜수익국**
> 특혜관세제도를 받을 수 있는 국가나 지역을 특혜수익국이라 말한다. 또한 특혜수익국 중에서도 후발의 개발도상국은 특별특혜수익국이라 불린다.

　　간이세율은 수입물품에 대한 관세, 임시수입부가세 및 내국세의 세율을 기초로 하여 대통령령으로 정하는 것으로 되어 있다. 단, 상기 ③항에서 말하는 물품에 대한 과세가격은 수리 또는 개체를 위하여 지급하는 외화가격으로 한다고 명시하고 있다.

클레임(Claim)

클레임의 종류와 해결방법을 이해하자.

무역거래에서 클레임(Claim, 손해배상 청구)은 운송 클레임과 무역 클레임으로 나눌 수 있다.

운송 클레임

화물의 운송·보관·하역 등이 직접적인 원인이라고 생각되는 클레임이다. 수출자 또는 수입자는 감정인(Surveyor)에게 조사를 의뢰하고 감정보고서(Survey Report)를 수령하여 그 내용을 선박회사 등에 제출한다.

무역 클레임

무역 자체에 원인이 있는 경우나 무역계약의 내용에 관한 클레임이다. 품질·수량·포장·납기·결제 등에 관한 것이 많다. 관계 당사자간에 사전에 클레임이 발생하지 않도록 대책을 강구해 두는 것이 중요하다.

클레임의 해결방법

① 화해(和解, Compromise)

당사자간의 합의에 의해 원만하게 해결하는 방법이다. 비즈니스에서는 이 방법이 가장 좋은 해결책으로 알려져 있다.

> **보충설명**
>
> 화해를 Amicable Settlement이라고도 한다. 화해는 ① 당사자가 서로 양보할 것 ② 분쟁을 끝낼 것 ③ 그 뜻을 약정할 것, 이 3가지 요건을 필요로 한다.
>
> 클레임의 해결방법으로 '알선(Mediation or Intermediation)'이라는 것도 있다. 알선이란 공정한 제3자적 기관이 당사자의 한쪽 또는 양쪽의 의뢰에 의해 사건에 개입하여 원만하게 타협이 이루어지도록 협조하는 방법으로, 당사자간에 비밀이 보장되고 거래관계가 지속될 수 있는 장점이 있다. 이 방법은 양쪽의 협력이 없으면 실패하는 등 법적 구속력은 없다.

② 조정(調停, Mediation)

제3자의 조정인(Mediator)에 의해 조정안이 제시되고, 그 조정안에는 클레임을 해결하는 방법이 있지만 구속력은 없다.

보충설명

조정을 영어로는 통상 Conciliation이라 하며, Mediation은 클레임 해결방법 중 하나인 알선을 말하는 경우가 많다. 조정도 알선과 같이 당사자의 한쪽 또는 양쪽의 요청에 의거, 양 당사자가 공정한 제3자를 조정자로 선임하여 분쟁해결 방안을 제시해줄 것을 부탁하고, 그 조정인이 제시하는 조정안에 양 당사자가 합의함으로써 분쟁을 해결하는 방식이다.

화해나 알선보다는 구체적이고 해결방향에 대해서 전향적이다. 당사자간에 합의가 성립되어 그것을 조서(調書, 조정의 기록)로 남겼을 경우 그 내용은 확정판결과 같은 효력을 지닌다. 그러나 당사자간에 합의가 이루어질 때까지는 강제집행력을 갖지 않기 때문에 문제의 해결방법으로는 한계가 있다고 할 수 있다.

③ 중재(仲裁, Arbitration)

제3자의 중재인(Arbitrator)에 의해 중재 판단이 내려진다. 이것은 재정(Award)이라 불리고 강제력을 가진다. 양쪽 당사자는 이 재정에 의해 구속받게 된다. 일본에는 국제상사중재협회 등이 있다.

> **보충설명**

우리나라에는 대한상사중재원이 있다. 대한상사중재원은 자체의 중재 규칙에 의거, 중재인이 양쪽 당사자의 의견을 충분히 들은 후 판정을 내린다.

조정은 당사자 한쪽의 요청이 있을 때에도 가능한 데 반해 중재는 반드시 양쪽 당사자의 합의가 있어야 한다. 또한 조정은 양쪽 당사자의 자유의사에 의한 해결이지만, 중재는 중재인의 중재 판정에 절대 복종해야 하는 강제성을 가질 뿐 아니라, 그 효력이 법원의 확정판결과 동일하며 외국에서도 집행이 보장되고 있다.

④ 소송(訴訟, Litigation)
법원의 판단에 의존하는 방법이다.

> **보충설명**

영어로 Lawsuit라고도 한다. 국제간의 거래에서는 상대자가 법역을 달리하므로 우리나라의 재판권이 상대국에까지 미치지 못한다는 장애가 있을 수 있다. 외국과의 사법협정이 체결되어 있지 않기 때문에 소송에 의한 판결은 외국에서의 승인 및 집행이 보장되지 않는 경우가 많다.

> **Point**

주요 클레임의 내용

- 불완전 포장(Bad Packing)
- 파손(Breakage)
- 선적지연(Delayed Shipment)
- 해약(Cancellation)
- 품질불량(Inferior Quality)
- 품질상이(Different Quality)
- 선적상이(Different Shipment)
- 수량부족(Shortage)

> **Point**

사고적요 실례

Broken and Repaired	파손을 수리한다
Broken, Contents O.K.	파손, 내용물은 이상 없음
Contents Exposed	내용물 노출
Damaged by Fresh Water	물에 젖음
Damaged by Rats	쥐가 물어뜯은 흔적
Damaged by Sea Water	바닷물에 젖은 피해
On Deck Cargo	갑판적화물(甲板積貨物)
Mark Indistinct	마크 불명료
Other Mark Mixed	마크가 다른 것이 혼재
No Time Shut Out	시간이 없어 다 못 싣고 남은 짐
Seal Broken	봉인 파손
Seal Cracked	봉인이 뜯어짐
Contents Unknown	내용물 불명
Seal off & Repaired	봉인을 뜯은 후 다시 봉인함

NACCS

NACCS의 내용을 이해하자.

NACCS(Nippon Automated Cargo Clearance System)란 수출입 화물의 통관수속 등을 신속하고도 정확하게 처리하기 위해 세관수속을 컴퓨터화한 관민 공동 이용의 시스템이다. 머릿글자를 따서 NACCS라고 부른다.

NACCS에는 항공화물을 처리하는 항공화물 통관 정보처리 시스템(Air-NACCS)과 해상화물 통관 정보처리 시스템(Sea-NACCS)이 있다. 양쪽 모두 호스트 컴퓨터와 세관 및 각 민간 이용자(통관업자, 항공회사, 은행 등)의 단말기를 통신회선으로 접속하여 수출입 화물에 관한 세관수속이나 다양한 수속을 온라인으로 처리하고 있다.

현재는 항공화물, 해상화물 수송에서도 이 시스템을 이용함으로써 사무처리 시간을 단축하는 등 많은 이점을 얻을 수 있다.

>>> 한국의 경우

우리나라에는 NACCS와 유사한 것으로 UNI-PASS가 있다.

UNI-PASS는 대한민국 관세청의 전자통관시스템의 브랜드명으로 관세청에서 운영하고 있는 업무처리 정보시스템(통관, 화물, 징수시스템 등)의 총칭이다. 전자통관시스템 UNI-PASS는 국제관세 환경의 변화와 IT기술의 발전을 적극 수용하여 사용자와 함께 만들어 온 관세행정정보화의 결정체라고 할 수 있다. UNI-PASS는 모든 세관신고 업무를 통합하여 ONE-STOP 처리가 가능한 관세청의 통합 서비스이다.

UNI-PASS 단어의 생성을 보면, UNI + PASS를 조합하여 만든 합성어로서, 이는 각각 UNI는 Unified(통합처리), Universal(표준화로 모든 국가 사용) and Unique(관세청의 고유함) Service를, PASS는 Fast Clearance Service(신속통관 서비스)를 의미한다.

1. UNI-PASS 특징
   1) 세계 최초 100% 전자통관시스템
   2) WCO 171개국 회원국 가장 빠른 통관시스템
   • 수입통관의 경우 2일 이상 걸리던 것이 1.5시간으로, 1일 이상 소요되던 수출통관의 경우 1.5분 이내로 단축되는 등 신속하고 정확한 선진 관세행정 구현 가능
   3) 언제든지, 어디서나, 어느 장치를 통한 One-stop 서비스 제공
   • 세관방문이 필요 없는 수출입 환경 조성

- 언제, 어디서든 전자적으로 신고 후 그 결과 및 처리과정 즉시 확인
- 세관이나 은행 등을 방문하지 않고도 사무실에서 요건확인신청 및 승인, 세금납부, 환급금 수령, 세금계산서 발급 등 쉽게 접근 가능한 One-stop 통관서비스 제공

4) 세계가 인정한 과학적인 위험관리로 신속 정확한 통관시스템

2. 수출통관시스템

관세청 통관망과 무역업체, 관세사, 운송업체 및 관련기관 등이 연계되어 있어 신고인은 세관에 '서류 제출 없이' 수출신고하고 수리 결과를 확인해 볼 수 있는 시스템이다.

- 수출에 필요한 수출승인신청서, INVOICE 및 포장명세서 등 수출신고 첨부서류 작성을 위해 기존에 입력된 자료를 다시 입력하지 않고 추가항목만 입력할 수 있도록 함으로써 동일한 내용을 입력하는 데 드는 시간과 비용을 절약할 수 있다.
- 수출통관시스템은 수출업무시스템, 수출통관정보제공시스템, 통계정보시스템 등으로 구성되어 있다. 특히 수출업무시스템은 신고서 접수 및 심사, 심사 및 검사기준 관리, 통관현황 조회 등으로 구성되어 있으며, 수입통관 시스템, 화물시스템 및 환급시스템과 연계 운영된다.

3. 수입통관시스템

관세청 통관망과 무역업체, 관세사, 운송업체 및 관련기관 등이 연계되어 있어 신고인은 세관에 '서류 제출 없이' 수입신고하고 수리결과를 확인해 볼 수 있는 시스템이다.

- 수입통관시스템은 수입신고서 접수 및 심사, 수입C/S, 상표권관리, 까르네관리, 정보관리 등으로 구성되어 있으며, 100% 전자문서에 의한 신고가 이루어지고 있다.
- 또한 은행과 연계되어 인터넷뱅킹에 의한 전자수납이 이루어지고 있으며, 요건확인기관과 연계되어 전자문서에 의한 확인 및 처리가 가능하도록 되어 있다.(참고 : 관세청 블로그)

4. UNI-PASS 수출입 통관이용 신청 절차

① 이용신청서 작성

신청인은 관세청 인터넷 통관포털(portal.customs.go.kr)에 접속하여 인터넷 통관서비스 이용 신청서를 작성한다.

- 신고인(대표자)의 인적사항을 등록한다.
- 업체정보를 등록한다.
- 수출입 신고자부호가 없는 경우 발급희망 여부를 표시한다.
- 공인인증서 정보를 등록한다

② 이용신청서 출력 및 서명

인터넷 통관서비스 이용신청서를 출력하여 대표자의 직인을 날인한다.

③ 세관방문 이용신청서 제출

작성한 이용신청서와 구비서류를 사업장 관할세관 민원담당부서에 제출한다.

- 신청인의 신분증
- 사용직원 내역
- (사용자 ID, 성명, 주민등록번호, 전화번호, 전자우편주소, 사용장소의 주소)

④ 수출입 신고자부호 부여 및 승인 등록 (기본문서함 자동 생성)
　세관에서는 신청서를 접수받아 구비서류의 확인과 신청자 대면을 통하여 승인여부를 확인한다. 수출입 신고자부호 발급을 희망한 경우 관련부호를 부여한 후 승인등록을 한다. 승인처리 시 전자문서 송수신을 위한 기본문서함 정보가 자동 생성된다.

⑤ 이용승인서 출력 및 교부
　세관에서 인터넷 통관서비스 이용승인서를 출력하여 신청인에게 교부한다.

⑥ 공인인증서 신청
　공인인증서가 없는 경우 인증서 발급기관에서 인증서 발급을 신청한다.

⑦ 공인인증서 발급
　인증기관으로부터 공인인증서를 발급 받는다.
　예) 금융결제원 www.yessign.com

⑧ 공인인증서 정보 등록
　PC에서 설치된 공인인증서 정보를 사용자 정보에 등록한다. 소지하고 있는 공인인증서 정보와 서버에 등록된 인증서 정보가 같아야 주요 서비스 이용이 가능하다.

5. 기타

　중소기업에서는 수출입 통관을 관세사 사무실에 의뢰하는 것이 일반화되어 있으므로 UNI-PASS를 직접 이용하는 경우는 거의 없을 것이지만 무역실무자라면 알아둘 필요가 있기 때문에 간략히 소개하였으므로 참조하길 바란다.

우리나라의 통관방식으로는 세계 최초 100% 전자방식 수출입신고체계를 완성시킨 관세청 전자통관시스템인 UNI-PASS와 EDI방식에 의한 수출입 통관방식 그리고 일반적인 수출입 통관절차도 활용되고 있다.

※ 참고 사이트 : 관세청 홈페이지(www.customs.go.kr) 및 관세청 블로그 (http://ecustoms.tistory.com/594?srchid=BR1http%3A%2F%2Fecustoms.tistory.com%2F594)

NACCS의 이용효과

① 세관수속의 간소화

수출신고, 수입신고, 보세운송신고 등 시스템을 이용함으로써 이용자의 단말기에서 직접 입력(Input)하여 업무를 할 수 있게 되었다.

② 물류의 신속화

통관시간의 단축에 따라 화물의 반입·반출 등 물류의 신속화가 이루어졌다.

③ 컴퓨터 화면에서 검색이 가능

화물의 반출입 정보를 컴퓨터에서 확인할 수 있고, 사무처리 시간을 단축할 수 있게 되었다.

④ 관세 등의 자동납부 가능

관세의 납부를 시스템으로 처리할 수 있기 때문에 은행에 갈 필요가 없어졌다.

한국의 경우

UNI-PASS의 이용효과

일본 NACCS의 이용효과와 거의 같다

① 수출신고 첨부서류 작성을 위해 기존에 입력된 자료를 다시 입력하지 않고 추가항목만 입력할 수 있도록 함으로써 시간과 비용을 절약할 수 있다.
② 모든 세관신고업무를 통합하여 One-Stop 처리하므로 통관시간을 대폭 단축할 수 있다.
③ 인터넷 뱅킹에 의한 전자수납이 가능하다.
④ 요건확인기관과 연계되어 전자문서에 의한 확인 및 처리가 가능하다.

각 이용자의 업무내용

- 세관 : 수출·수입업무 등의 수리, 허가, 승인의 통지
- 통관업자 : 수출입 신고의 세관수속
- 은행 : 관세 등의 계좌이체에 의한 영수(領收)
- 보세장치장 : 화물 반출입에 관한 세관수속
- 컨테이너 야드 : 컨테이너 반출입에 관한 세관수속
- 선박회사 : 선박의 입출항에 관해서 세관수속

- 항공회사 : 항공기의 입출항에 관해서 세관수속

>>> 한국의 경우

우리나라에서는 통관업자와 보세장치장이라는 것이 없으며 그 대신에 다음과 같은 것이 있다.
- 통관업자 → 관세사 사무실 : 수출입 통관업무
- 보세장치장 → 보세창고(또는 지정장치장) : 통관을 하고자 하는 물품장치

>>> 알아두면 도움 되는 무역이야기 : 병행수입에 관해서

병행수입이란
국내의 독점수입업자에 의하여 외국상품이 수입되는 경우 국내의 제3자가 국내 독점수입업자의 허락 없이 다른 유통경로를 통하여 동일한 상품을 수입하는 것을 말한다.

병행수입 가능여부 판단기준
- 외국상표권자와 국내상표권자가 동일인이거나 동일인 관계인 경우
  제3자 병행수입이 가능하다.(수출입사실 통보대상 아님)
  예외적으로 국내 전용사용권자가 외국상표권자와 동일인 관계가 아니고, 제조·판매만 하는 경우에는 제3자 병행수입이 제한된다.(수출입 사실 통보대상)
- 외국상표권자와 국내상표권자가 동일인 관계가 아닌 경우
  제3자 병행수입이 제한된다.(수출입사실 통보대상)
  예외적으로 국내상표권자 또는 전용사용권자가 외국상표권자가 생

산한 진정상품을 수입·판매하는 경우에는 제3자 병행수입 가능하다.(수출입사실 통보대상 아님)

※ 동일인 관계란 국내외 상표권자가 동일인이거나 계열회사 관계(주식의 30% 이상을 소유하면서 최다 출자자인 경우), 수입대리점 관계 등 동일인으로 볼 수 있는 관계를 말한다.

병행수입 제한 해제

- 국내상표권자 또는 전용사용권자가 제3자의 수입을 허락하거나 통관에 동의한 경우, 침해우려물품 수출입사실 통보대상에서 해제되어, 차후 수입되는 동일 지정상품에 대해서는 수출입사실을 통보하지 않는다.

병행수입 시 주의할 점

- 병행수입은 모든 상표에 허용되는 것이 아니라 일정한 기준에 따라 제한적으로 허용되고 있어 병행수입 이전에 수입하고자 하는 물품의 상표가 병행수입이 허용되는지 여부를 확인해야 한다. 병행수입 가능여부는 관세청 홈페이지(www.customs.go.kr)를 참고로 하여 문의하면 확인할 수 있다. 또한 관세청의「지적재산권 보호를 위한 수출입통관 사무처리에 관한 고시」를 참고로 하면 도움이 된다.
- 병행수입이 허용되는 상표라 하더라도 상품의 진위여부가 의심스러운 경우에는 세관장 또는 상표권자의 요청에 의해 통관이 보류될 수 있으니 이 점에 주의할 필요가 있다.

항공화물 운송

> 항공화물 운송은 운송시간이 짧고, 화물의 손상도 적으며,
> 도착시간도 정확하지만, 운송요금이 비싸다.

　항공화물 운송은 해상운송에 비해 운송시간을 대폭 단축할 수 있고, 화물의 손상도 적으며, 내륙 도시에도 정확한 시간에 도착할 수 있는 등 많은 이점이 있다. 단 항공화물 운송요금은 해상운송에 비해 많이 비싸다.

　항공화물 운송으로 취급하는 것은 컴퓨터 관련 기기나 정밀기계 등 부가가치가 높은 것이나 신선한 식료품, 신문이나 잡지 등과 같은 단시간에 수송해야 하는 것, 특히 미술품이나 귀금속, 보석 등과 같이 파손의 위험성을 피해야 하는 것 등을 들 수 있다.

　이러한 상품이 항공화물 운송에 적합하지만 최근에는 이러한

상품 외에도 다양한 상품이 항공화물로 수송되고 있다. 또한 항공기의 대형화가 이루어져 대량 화물을 수송할 수 있게 되었다. 현재로는 일부 원재료를 제외하고 우리 주변에 있는 상품 대부분이 항공화물로 수송되고 있다고 할 수 있다.

또한 최근에 자주 이용되는 것이 국제택배이다. 긴급히 필요한 회의용 서류나 계약서, 설계도, 서적, 필름 등과 같은 작은 화물이 Door to Door에 의한 서비스로 적시에 배달된다. 기업활동이 글로벌화된 오늘날 이러한 수요는 점점 더 증가할 것이다.

도착지 코드

> 항공화물 운송에서는 화물의 도착지를 나타내는 3문자의
> 도착지 코드가 이용되고 있다.

 항공화물 운송에서는 화물의 도착지를 표시하기 위해서 3문자의 영문 알파벳을 사용한다. 이것을 도착지 코드(Destination Code)라 부르고, 지명을 약자로 표시한 것이다. 예를 들면 도쿄(Tokyo)는 TYO로 표시한다. 같은 방법으로 홍콩(Hongkong)은 HKG, 로스앤젤레스(Los Angeles)는 LAX로 하는 등 3문자로 나타낸다.
 항공화물 운송에서 이 3문자의 도착지 코드는 중요한 역할을 한다. 3문자는 영문 알파벳으로 표시하는 것으로 틀릴 가능성이 높으므로 특히 서류작성이나 컴퓨터에 입력할 때 충분한 주의가

필요하다. 알파벳의 문자 하나만 틀려도 화물이 전혀 관계없는 다른 지역으로 운반될 위험이 있다.

> **Point**
>
> | | | |
> |---|---|---|
> | SEL | SEOUL | 서울 |
> | FRA | FRANKFURT | 프랑크푸르트 |
> | AMS | AMSTERDAM | 암스테르담 |
> | BOS | BOSTON | 보스턴 |
> | BKK | BANGKOK | 방콕 |

항공운임과 항공화물 대리점

> 항공운임의 특징과 항공화물 대리점, 혼재(混載)업자(Forwarder)의
> 업무를 이해하자.

항공운임

항공운임에는 일반화물용 운임과 혼재화물용 운임의 2종류가 있다. 일반화물용 항공운임은 IATA(International Air Transportation Association, 국제항공운송협회)의 운임조정회의 결정에 따라 관계 각국의 정부가 허가한 운임이다. 이에 반해 혼재화물용 항공운임은 이용 항공사업자(혼재업자)에 의해 설정된 운임이다.

항공화물 운임은 출발하는 공항에서 도착하는 공항까지의 수송에 대한 것으로 출발지에서 도착지까지의 한 방향만의 수송에

적용된다.

>>> **한국의 경우**

항공화물의 요율(Tariff) 적용원칙을 참고로 소개한다.
〈항공화물 요율 적용원칙〉
- 운송장(AIR WAYBILL) 발행일에 유효한 것을 적용한다.
- 항공화물의 요율은 공항에서 공항까지의 운송만을 위해 설정됨.
- 출발지국의 현지통화로 설정되는 것이 원칙이다.
  (예외) 많은 국가에서 USD로 요율을 설정한다.
- 모든 화물 요율은 KG당 요율로 설정되어 있다.
  (예외) USA출발 화물요율은 LB당 요율로 설정되어 있다.
- 해당 정부의 승인을 득한 후에야 유효한 것으로 이용 될 수 있다
- 별도의 통보 없이 변경 가능하다.

항공화물운임은 종량률 및 종가율 중 비싼 운임으로 적용되며 Min, -45kg, 45kg, 100kg, 300kg, 500kg, 1000kg 등으로 구분된다. 결제통화는 대부분 미국 달러화이나 우리나라는 '96년 원화로 전환한 후 원화로 결제하고 있다.

<<<

항공화물 대리점과 혼재업자

항공화물 운송에는 항공회사 이외에도 항공화물 대리점과 혼재업자가 있다. 항공화물 대리점이란 항공회사의 업무를 대행하는 곳으로 항공회사의 운송약관, 운임률표(Tariff), 스케줄 등에 따라서 항공운송의 업무를 실시하고 항공운송장을 발행하는 회

사이다. 항공회사로부터 소정의 수수료를 받는다.

　한편 혼재업자는 항공회사와는 다른 독자적인 운송약관, 운임률표를 가지고 각각의 화물주와 운송계약을 체결하는 일을 하는 회사이다. 혼재업자는 항공회사로부터 싼 운임을 받고 항공운송을 인수하는 업무를 한다. 항공화물의 혼재업무란 항공회사의 화물운임이 중량체감제(重量遞減制)이기 때문에 적은 양의 화물을 폭넓게 모은다. 혼재업자 스스로가 화물의 송하인(送荷人, 화물발송인)이 되고, 많은 양의 화물로 만들어 싼 운임을 제공받음으로써 이익을 얻는 시스템을 이용하고 있다.

> **Point**
>
> ### 견본시(見本市)에서 상품을 찾자
>
> 견본시란 상품 샘플을 진열하여 선전·소개하는 행사를 말한다.
> 견본시나 수입상품 박람회에서 비즈니스에 적합한 상품을 찾자. 개최 도시나 개최일시를 검토하고 가능한 한 많은 견본이나 수입상품을 실제 눈으로 볼 것을 권한다. 견본시나 수입상품 박람회의 사전조사에도 인터넷이 많은 도움이 된다.
> 전시장에서는 실제 자신의 손으로 만져서 감촉을 확인하자. 직접 담당자와 말을 할 수 있는 것도 견본시의 메리트이다. 반드시 카탈로그와 팸플릿을 가지고 돌아가자. 또한 상품을 카메라나 비디오로 촬영해두면 나중에 다시 검토할 때 유용하게 활용할 수 있다.

항공화물운송장

항공화물운송장의 내용과 역할을 이해하자.

　항공화물운송장은 'Air Waybill(AWB)'이라고 한다. 항공회사가 발행하는 운송장을 'Master Air Waybill'이라 하고, 혼재업자가 발행하는 운송장을 'House Air Waybill'이라 하여 각각 구별하고 있다.
　1세트의 항공화물운송장은 3부(片)의 원본(Original)과 최저 6부의 부본(Copy)으로 되어 있다. 항공운송장의 원본 3부의 이면에는 국제운송약관의 핵심이 되는 계약조항이 기재되어 있다.
　항공화물운송장 각각에는 용도가 정해져 있으며, 세계 공통의 분류색깔이 정해져 있다. 항공운송장에는 송하인(送荷人), 송하인의 주소, 성명, 화물의 품목, 중량, 개수, 신고가격, 운송경로, 사용 항공회사, 운임, 운임의 지불방법, 보험의 유무 등이 기입되어 있다.

항공화물운송장에는 다음과 같은 역할이 있다.
- 운송계약을 맺은 증거가 되는 서류
- 운송품의 영수증
- 운임의 청구서
- 세관신고시의 서류

항공화물운송장은 선하증권과는 달라 유가증권이 아니며 양도성, 유통성을 갖고 있지 않다. 그렇기 때문에 항공화물운송의 경우 수하인에게는 신용장의 발행은행을 명기하여 담보의 안전을 도모하고 있다.

국제복합운송

> 해상운송과 항공운송이나 육상운송을 함께 하는 국제복합운송이 많이 이용되고 있다.

　컨테이너의 출현에 따라 2가지 이상의 운송수단을 이용하는 운송방법이 크게 발전하였다. 해상운송(선박)에 육상운송(트레일러나 철도)이나 항공운송(비행기)을 조합한 운송방법이 가능해졌다. 이 운송방법을 국제복합운송이라 하며 최근에 많이 이용되고 있다.

　예를 들면 도쿄에서 런던까지 화물을 운송하는 데는 다음과 같은 운송방법을 생각할 수 있다. 로스앤젤레스까지 해상운송하고, 그 후 로스앤젤레스에서 런던까지는 항공운송(비행기)으로 운반하는 방법이다.

이것을 'Sea and Air' 라 한다. 이 운송방법의 특징은 '항공운송은 운송시간은 빠르지만 운임이 비싸고 해상운송만으로는 시간이 너무 걸린다' 는 양쪽의 장점을 모은 운송방법이다.

또한 도쿄에서 뉴욕까지의 운송방법에는 로스앤젤레스까지는 해상운송하고, 그 후 뉴욕까지는 육상으로 운송하는 방법이 있다. 로스앤젤레스에서 육상운송에는 철도, 트레일러나 트럭에 의한 운송방법이 이용된다.

이처럼 다양한 운송수단을 조합하여 효과적으로 운송할 수 있는 것이 국제복합운송의 특징이다.

한국의 경우

우리나라의 경우는 다음과 같은 운송방법이 있다.
① 북미 서해안 경유 Sea & Air 방법
부산에서 배로 북미 서안 주요 항구까지는 해상운송을 하고 서해안 공항에서 북미 동해안 경유 유럽 공항까지는 항공운송을 하는 방법이다. 소요일수는 대략 14일이다.

② 러시아 경유 Sea & Air 방법
부산에서 배로 보스토치니(Vostochny) 또는 블라디보스토크까지는 해상운송하고, 그곳에서 항공편으로 모스크바 또는 룩셈부르크나 베를린을 경유하여 유럽, 중동지역, 아프리카 등지까지 항공운송하는 방법이다. 소요일수는 약 14일이다.

③ 동남아시아 경유 Sea & Air 방법

부산에서 배로 홍콩 또는 방콕, 싱가포르까지 해상운송하고 그곳에서 항공편으로 유럽 공항까지 항공운송, 그리고 거기서 각 지역까지는 트럭으로 운송하는 방법이다. 소요일수는 각 지역에 따라 조금씩 차이가 나지만 대략 8~16일 정도 걸린다.

국제복합운송의 실례

국제복합운송의 실제 운송 예를 확인하자.

세계 각 지역으로 국제복합운송이 이용되고 있다.

북미 경유 유럽의 여러 국가로

일본에서 컨테이너선에 의한 해상운송으로 북미 서해안의 밴쿠버, 시애틀, 로스앤젤레스의 항구로 운반된다. 가까운 공항에서 환적된 화물은 항공기에 의해 유럽의 각 도시로 운송된다. 이 운송방법을 이용하면 통상 15일 전후로 목적지에 도착할 수 있다. 해상운송과 비교해서 운송기간을 대폭으로 단축할 수 있는 이점이 있다.

미니 랜드 브리지(MLB, Mini Land Bridge)

일본에서 미국 서해안의 항구인 시애틀, 로스앤젤레스까지 컨테이너선으로 운송한다. 다음으로 철도 등의 내륙 운송수단을 이용해서 미국의 동해안 또는 걸프만 인근 도시까지 운송하는 방법이다.

같은 방법으로 일본에서 캐나다의 서해안 항구까지 컨테이너선으로 운송하고 철도에 접속하여 토론토, 몬트리올 등의 도시까지 운송하는 방법도 있다.

한국의 경우

우리나라의 경우 부산에서 배로 시애틀, 오클랜드, 로스앤젤레스 등 미국의 서해안까지 해상운송을 하고, 다음으로 철도 등의 내륙 운송수단을 이용해서 미국 동해안의 항구나 최종 도착지까지 운송하는 방법이다.

시베리아 랜드 브리지(SLB, Siberia Land Bridge)

일본에서 일본해에 면하고 있는 러시아 항구까지 컨테이너선으로 해상운송하고, 그 후 시베리아 철도를 이용해서 유럽 각 도시로 운송된다.

한국의 경우

우리나라의 경우 부산에서 러시아의 보스토치니까지는 배로 해상운송하고 그 다음 시베리아 철도를 이용하여 유럽의 각 지역으로 운송되고 있다.

5장
무역실무자의 능력개발

무역에 관한 자격시험

> 무역에 관한 자격시험은 여러 가지가 있으므로,
> 이 자격시험을 연구하여 자격증을 따자.

무역실무나 무역 비즈니스에 관계되는 자격시험이 최근 수년 동안 잇달아 생겨났다. 지금까지는 무역실무 지식이나 기술, 무역 비즈니스에 필요한 영어능력, 커뮤니케이션 능력을 공정하고 정확하게 평가·판정하는 시험이 없었다.

소위 '실무경험 몇 년 이상인 사람'이라는 애매한 표현으로 그 사람의 무역실무 능력을 평가했다. 하지만 이러한 방법으로는 그 사람의 무역실무 지식이나 능력을 정확하게 파악할 수 없다.

여러분은 가능하면 자격시험을 보고 자격증을 하나씩 확실하게 취득해두자. 자격시험에 합격한다는 것은 실력을 공인받는 것이며, 스스로도 자신감을 가질 수 있게 된다.

우선 어떠한 시험이 있는지 시험의 종류나 내용을 확인해보자. '통관사' 등과 같이 모두 잘 알고 있는 시험은 물론이고, '국제무역 비즈니스 검정시험'이나 '무역실무 검정시험', '오피스 스킬 인정제도-무역부문', '제트로 인정 무역 어드바이저 시험', '국제항공화물취급사 시험', '닛쇼 비즈니스 영어 검정시험' 등이 있다. 관심 있는 시험에 관해서 연구해보자.

한국의 경우

우리나라에는 '관세사' 등과 같이 이미 알려진 시험은 물론이고, 한국무역협회에서 주관하는 '국제무역사' 시험과 '외환관리사' 시험이 있으며, 그밖에도 TOEIC이나 이와 유사한 시험, 일본어능력시험 등이 있다.

자격시험의 종류

> 자격시험의 종류를 이해하고 목표로 하는 자격시험을 정하자.

자격에는 국가자격, 공적 자격, 민간자격, 이 3종류의 자격이 있다.

국가자격

국가가 법률에 의거해서 시험을 실시하고 합격자를 인정하는 자격이다. 공인회계사, 변호사, 변리사, 부동산감정사 등이 여기에 해당된다. 이들 자격은 독립개업이 가능한 자격이라 할 수 있다. 그만큼 고도의 지식을 공부해야 한다.

> **한국의 경우**
>
> 우리나라는 변호사, 변리사, 관세사, 공인회계사, 세무사, 감정평가사, 경영지도사 등의 자격제도가 있다. 이들 자격은 독립개업이 가능한 자격이다.

공적 자격

국가시험에 준하는 자격으로 재단법인이나 사단법인 등의 공적 기관이 시험을 실시한다. 비교적 잘 알려져 있는 것으로 부기검정, 비서검정, 실용영어기능검정, 닛쇼비즈니스영어검정시험 등이 있다.

> **한국의 경우**
>
> 우리나라는 한국무역협회에서 주관하는 국제무역사 자격시험, 외환관리사 자격시험이 있으며, 그밖에도 대한상공회의소 등에서 실시하는 몇 가지 자격시험이 있다.

민간자격

민간단체가 업무지식의 향상이나 업계의 발전, 육성을 목적으로 시험을 실시하고 임의로 주는 자격이다. 민간자격은 업무의 지식·기능의 수준을 시험해보는 것이고, 국가시험 등과는 다르다. 그 자격이 없으면 일을 할 수 없다는 것은 아니다. 그러나 민간자격 중에는 이미 사회 전체에 폭넓게 인지되어 있는 것도 있으며, 그 자격을 가지고 있는 것만으로도 취직이나 전직에 유리하게 작용하는 경우도 많다. 예를 들면 교정기능검정, TOEIC 등이다.

한국의 경우

우리나라는 TOEIC 및 이와 유사한 시험이 있으며, 그밖에도 일본어 능력시험 등이 있다.

취득계획을 세우자

국가자격 시험을 취득하려 한다면 구체적인 계획을 세우자.

업무를 잘 이용하자

무역자격 시험에 도전하는 여러분이 이미 무역 관련 회사에 근무하고 있다면 실제의 비즈니스를 이용하는 것이 좋다. 비즈니스에서 사용하는 서류, 용어를 자신의 것으로 만들자.

이미지를 중요시하자

취득한 자격을 무기로 취직, 전직, 독립이라는 '꿈이 이루어지고 성공하는 이미지'를 가지자. 자격을 취득하는 것은 스스로에게 기회라는 무기를 주는 것이다.

서류파일을 작성하자

실제의 무역 비즈니스에서 다양한 서류가 이용되고 있으므로 무역시험에서는 서류가 큰 역할을 한다.

자신의 독립된 파일을 작성하고 필요한 서류를 모으자.

관세사 시험을 비롯해 서류작성 능력을 묻는 시험이 많으므로 서류작성 능력을 확실하게 익혀두자.

자격을 활용하자

취득한 자격을 효과적으로 활용하자.

취득한 자격을 효과적으로 이용하자. 자격시험에 합격할 수 있었다는 것은 실력을 공인받았다는 의미이므로 자신감을 가지자. 취득한 자격을 다양한 분야에서 비장의 카드로 이용할 수 있을 것이다.

① 취직전선에서도 큰 무기가 된다.

이력서에는 취득한 자격을 반드시 적는다. 이는 큰 메리트가 될 수 있다. 무역 관련, 국제 비즈니스 관련 회사에 취직을 목표로 한다면 무역과 관련된 자격을 취득해서 하나의 무기로 삼자.

② 최근에는 대학시험에서도 자격취득자를 우대하는 대학이 늘고 있다.
③ 승진에도 유리하게 작용하는 것은 확실하다.

지금까지 무역의 능력을 공인받는 자격시험은 거의 없었다. 다시 말해서 경험 등의 애매한 방법으로 그 사람의 능력을 판단했지만 앞으로는 자격자를 우대하는 방향으로 진행될 것이다.

무역 스페셜리스트에게 필요한 능력

> 무역 스페셜리스트에게 어떠한 능력이 필요한지 알아보자.

무역 관련 자격시험에 합격했다고 해서 바로 무역실무의 스페셜리스트로 인정받는 것은 아니다. 무역실무라고 한마디로 말하지만 실제로 하는 업무나 일의 내용은 다양하다. 그러므로 무역실무의 프로가 되려면 다양한 경험을 쌓아야 한다.

무역실무 스페셜리스트는 특히 다음과 같은 2가지 능력을 기본적으로 갖추고 있어야 한다.

커뮤니케이션 능력

무역은 외국의 기업과 하는 것이므로 커뮤니케이션 능력이 요

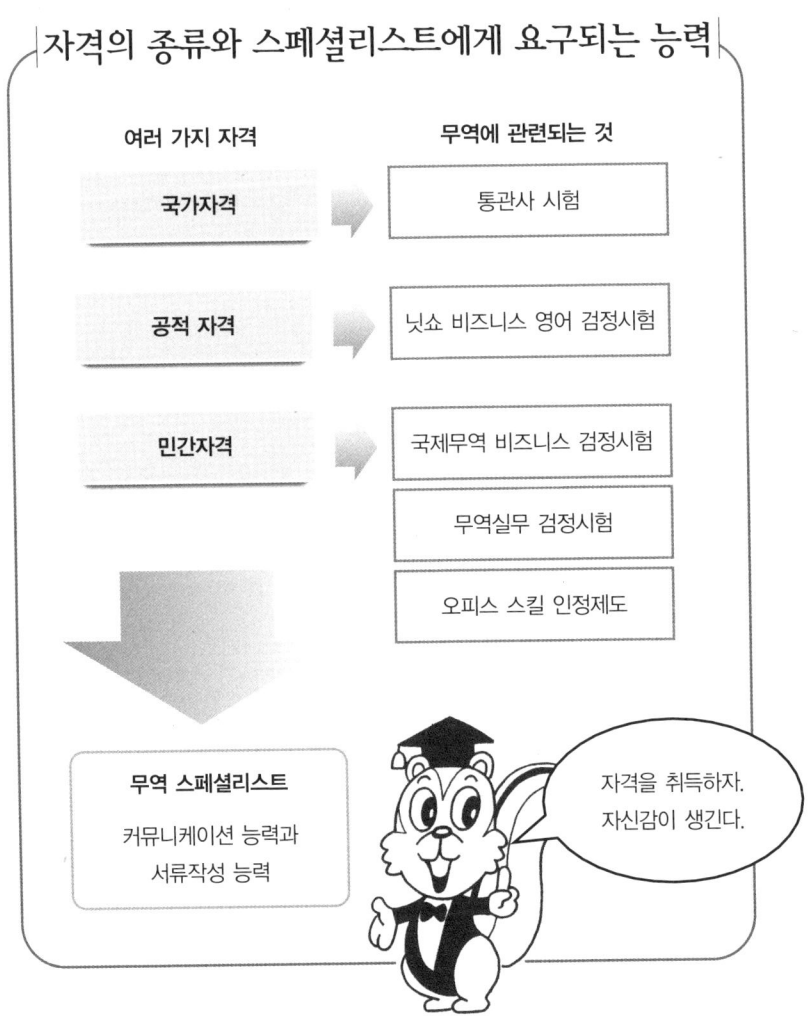

구된다. 커뮤니케이션 방법은 역시 영어 구사능력이 필요하다. 회화는 물론이고 상대방과 정확하고 올바른 교섭을 할 수 있는 비즈니스 편지나 이메일과 같은 문장작성 능력도 함께 요구된다.

업무처리 능력

해외를 돌아다니거나 외국인과 교섭하는 것도 무역의 업무지만 무역거래에 필요한 서류를 작성하거나 수속을 밟는 것도 무역실무이다.

실제로 서류를 작성하는 사람에게 우선 요구되는 것은 정확하고도 신속한 서류작성 능력이다. 컴퓨터나 영문타자를 사용해서 필요한 서류를 정확하게 작성할 수 있어야 한다. 또한 무역실무에 정통한 절차 및 수속을 별문제 없이 처리하는 것도 중요한 일이다. 무역실무의 기본은 서류작성과 각종 수속이라고 말할 수 있다.

>>> 한국의 경우

우리나라에는 다음과 같은 시험이 있다.
- 국가자격 : 관세사 시험
- 공적 자격 : 국제무역사 시험, 외환관리사 시험 등
- 민간자격 : TOEIC, 일본어능력시험 등

서류작성 능력

'서류작성 능력'은 무역실무자의 중요한 능력이다.
서류를 정확하게 단시간에 작성할 수 있는 능력을 기르자.

무역실무자에게는 서류작성 능력도 꼭 필요한 일이다. 서류를 정확하고 매끄럽게 작성하는 능력은 무역실무에서 매우 중요한 일이다.

우선 다음 페이지에 게재한 서류의 내용을 이해하고 서류를 정확하게 작성할 수 있는가? 특히 수출업무에서는 서류를 단시간에 작성할 수 있는 능력도 요구된다. 무역서류는 각각 그 역할이 있다. 특히 환어음(B/E)의 금액표시는 정정할 수 없기 때문에 정확성이 요구된다.

최근에는 컴퓨터를 이용한 서류작성이 빈번하게 이루어지고

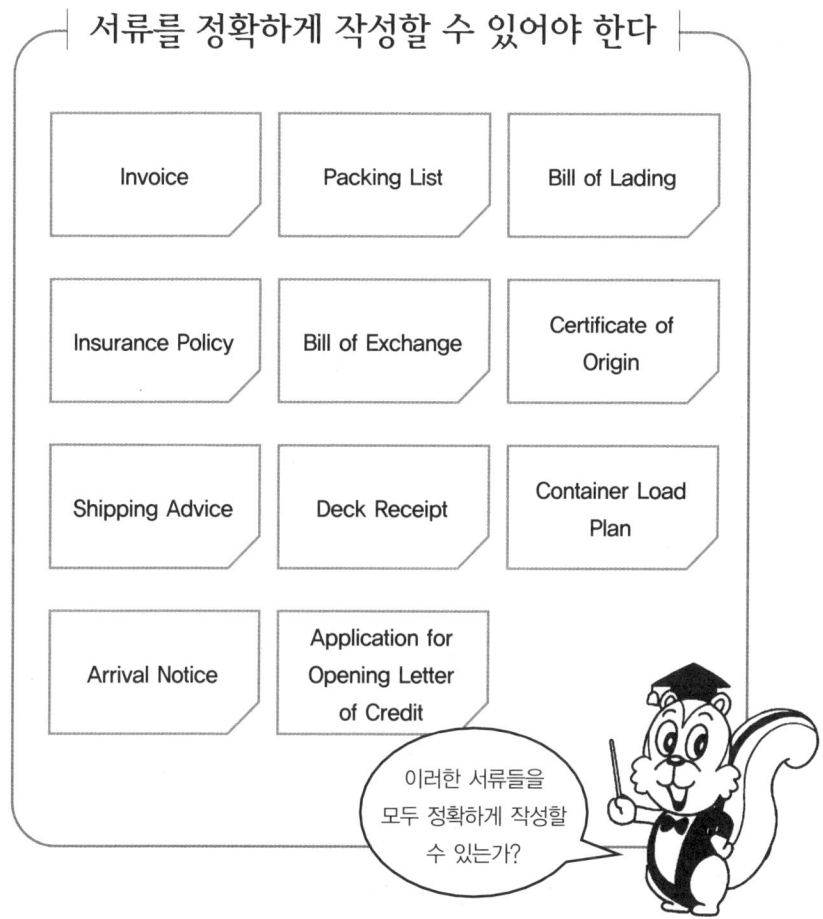

있지만 입력의 실수는 물론이고 그밖에 부주의해서 생기는 실수는 돌이킬 수 없으므로 서류를 작성할 때는 충분한 주의가 필요하다.

이 책에서는 2장, 3장에서 서류에 관해 상세하게 설명했다. 다시 한 번 확인하고 서류작성 능력을 키우자.

> **Point**

이메일에서 사용하는 약어

ASAP	as soon as possible	가능한 한 빨리
BTW	by the way	그런데
etc.	and so on	등
FYI	for your information	참고로
P.S.	Post Script	추신

무역실무의 포인트

> 무역실무를 익히는 포인트는 흐름을 이해하는 것이다.
> 서류의 흐름, 화물의 흐름, 업무의 흐름, 돈의 흐름을 재확인하자.

무역실무의 포인트는 흐름을 이해하는 것이다. 다시 말하면 무역실무에도 '기승전결'이 있다. 수출, 수입에는 각각 특징이 있는 '흐름'이 있다. 전체적인 흐름 속에서 수출, 수입 각각의 업무를 이해하는 것이 중요하다. 이에 관해서는 2장에서 상세하게 설명하였으니 지금 다시 한 번 확인해보자.

또한 무역실무의 흐름에는 '기승전결'과는 별도로 4가지 흐름이 있다. 이는 서류의 흐름, 화물의 흐름, 업무의 흐름, 돈의 흐름이다.

이 4가지 흐름은 각각 깊은 관계를 가지면서 무역실무가 이루

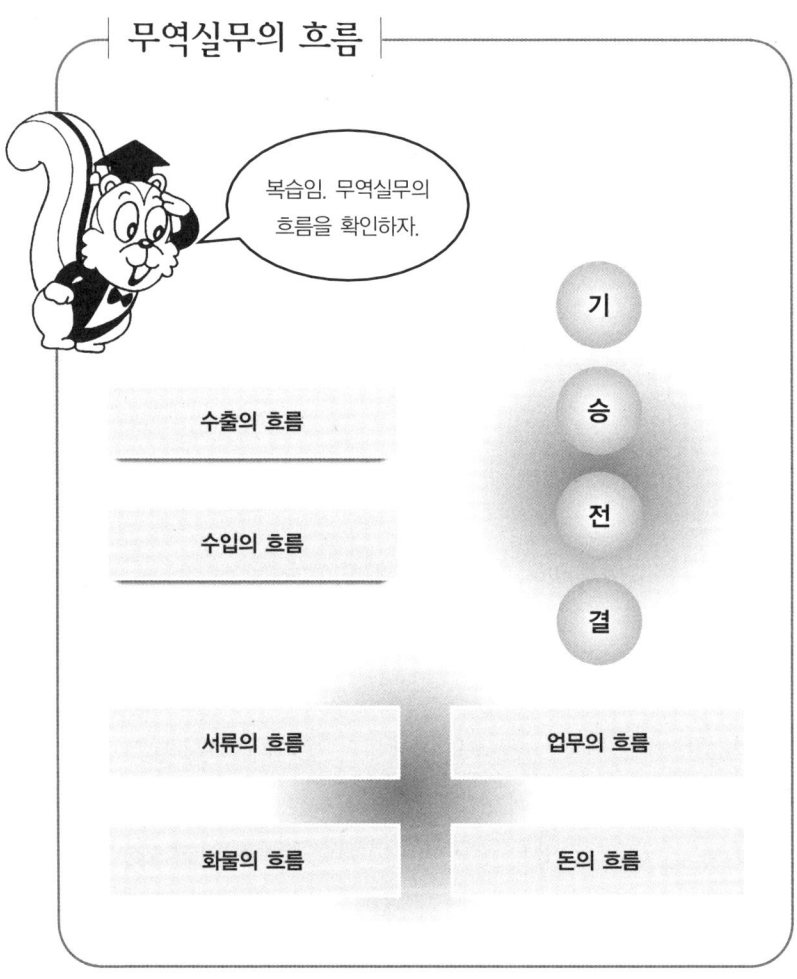

어지고 있다. 무역실무자는 이 4가지 흐름을 확실하게 이해하고 견실하게 파악하는 것이 대단히 중요하다. 특히 서류의 흐름과 돈의 흐름은 밀접한 관계가 있다.

> **Point**
>
> ## 이메일 용어를 이해하자
>
> | | |
> |---|---|
> | CC | Carbon Copy 참조 |
> | Reply | 회신 |
> | Forward | 전송 |
> | Subject | 제목 |
> | From | 보내는 사람 |
> | To | 받는 사람 |

무역실무 능력·기술을 활용할 수 있는 직장

> 무역실무 능력을 키우면 활용할 수 있는 직장이 많다.

　관세사를 비롯하여 각종 무역 자격시험에 합격한 여러분의 능력을 충분히 활용할 수 있는 직장은 많다.
　무역업무는 '재미있으며 상당히 매력적인 일'이라고 생각한다. 무역업무라고 하면 우선 누구든지 상사(商社)를 생각하게 된다. 상사는 무역 비즈니스의 중심이라 할 수 있다. 그러나 상사뿐만 아니라 다양한 직장에서 무역실무를 담당할 수 있는 능력·기술을 가진 사람을 필요로 하고 있다.

무역실무 능력·기술을 활용할 수 있는 직장

무역 관련 회사에 취직한다
상사, 선박회사, 항공회사, 통관업자, 보험회사, 은행, 해상화물 운송업자, 항공화물 대리점 등

인재파견 스태프로 무역 관련 회사에서 일한다
무역기술을 익혀서 각 기업에서 일한다.
무역 관련 업무는 시급(時給)이 매력적이다.

개인적으로 무역 비즈니스를 한다
수입 비즈니스는 일종의 붐이 되었다. 소량으로 소비재 제품을 수입하는 등 고객의 니즈를 포착하는 비즈니스를 즐길 수 있다.

무역실무를 활용할 수 있는 직장은 이렇게 많이 있다.

한국의 경우

우리나라에서 무역 관련 업무를 시급으로 하는 경우는 무역 컨설팅 업무 이외에는 거의 없다.

무역실무 능력·기술을 활용할 수 있는 직장

상사는 물론이고 선박회사, 항공회사, 선박회사 대리점, 항공화물 대리점, 혼재업자, 통관업자, 해상화물 운송업자, 제조회사, 보험회사, 은행 등을 들 수 있다. 또한 각종 검사기관, 검정기관, 세관 등의 공적 기관에서도 무역실무와 관련된 업무가 있다. 이처럼 무역실무 능력을 활용할 수 있는 직장을 주위에서 많이 찾을 수 있다.

현재 수출입, 국제 비즈니스에 관련된 일을 하는 기업은 상당히 많다. 작은 공장에서도 부품을 해외에서 조달하고 있으므로 무역에 관한 지식이 필요하다. 또한 소매업자나 수입전문점 등은 좋은 상품을 값싸게, 그리고 확실한 납기로 수입하기 위해 머리를 짜내고 있다. 무역실무 지식·기술을 확실하게 익혀두면 일할 수 있는 직장은 더욱 많아진다.

부록
핵심 무역용어

■ 핵심 무역용어 영문표기

무역실무에서 꼭 알아야 할 핵심용어를 종류별로 분류해 실었으며, 레터나 계약서, 신용장 등 수출입거래 문서 작성시 즉시 활용할 수 있도록 제시한 각 용어에 영문표기를 병행했다. 또 완전히 익힌 용어는 그때 그때 표시하도록 체크 박스를 만들었으므로 효과적으로 활용하기 바란다.

기업에 관한 용어 ①

영문	한글	
Company	회사	☐
Enterprise	기업	☐
Parent Company	모회사	☐
Subsidiary Company	자회사	☐
Private enterprise	민간기업	☐
Government Enterprise	국영기업	☐
Multinational Enterprise	다국적기업	☐
Conglomerate Enterprise	복합기업	☐
Corporation Aggregate	사단법인	☐
Limited Partnership	합자회사	☐
Establishment	설립	☐

Merger	합병	
Bankruptcy	도산	
Liquidation	청산	
Management	관리	
Capital	자본	
Fund	자금	
Stock	주식	
Stockholder	주주	
Dividend	배당	

기업에 관한 용어 ②

Director	이사	
Executive	경영간부	
Chairman	회장	
President	사장	
General Manager	부장	
Manager	과장	
Assistant Manager	대리 (또는 계장)	
Boss	최상급자	
Colleague	동료	
Subordinate	부하	

Junior	후배	
Employee	종업원	
Specialist Work	전문직	
Technical Work	기술직	
Managerial Position	관리직	
Supervisor	감독자	
Maker	제조업	
Wholesaler	도매업자	
Retailer	소매업자	

회의에 관한 용어 ①

Conference	회의	
International Conference	국제회의	
Secret Conference	비밀회의	
Board Meeting	임원회의	
Attendance	출석자	
Absentee	결석자	
Committee	위원회	
Convention	총회	
Agenda	의안(議案)	
Resolution	결의(決議)	

Recorder	기록계	
Reporter	보고자	
Discussion	토의	
Argument	논쟁	
Suggestion	제안	
Minutes	의사록	
Report	보고서	
Proposition	제안	
Draft Plan	원안	
Amendment	수정안	

회의에 관한 용어 ②

Treaty	조약	
Signature	조인	
Ratification	비준	
Accord	협정	
Alliance	동맹	
Sovereignty	주권	
Territory	영토	
Diplomacy	외교	
Developing Country	개발도상국	

Observer	옵저버	

통신에 관한 용어 ①

Airmail	항공우편	
Air Parcel Post	항공소포	
Registered Airmail	항공등기	
Phone book	전화번호부	
Information	번호안내	
Pay Phone	공중전화	
Local Call	시내전화	
Long-distance Call	장거리전화	
International Call	국제전화	
Collect Call	수신자부담 전화	
Station-to-Station	번호통화	
Telephone Company	전화국	
Operator	교환원	
Extension	내선	
Wrong Number	전화번호가 다름	
Mail	우편	
Post Card	엽서	
Post Office	우체국	

| Parcel | 소포 | |
| Postage | 우편요금 | |

통신에 관한 용어 ②

Mailbox	우편함	
*Letterhead	두서(頭書)	
Special Delivery	속달	
Registered Mail	등기	
Signature	서명	
Enclosure	동봉	
Post Office Box	사서함	
Cable	전보	
Telegram	전문	
Cable Address	전보 주소	
Confirmation of Cable	전보확인서	
Urgent Telegram	지급전보	
Postage Stamp	우편엽서	
Confidential	친전(親展)	
Covering Letter	커버링 레터	

*편지지 윗부분의 인쇄문구(회사명이나 주소 등)

신용조사에 관한 용어

Credit Information	신용조사	
Credit Reference	신용조회처	
Bank Reference	은행조회처	
Trade Reference	동업자조회처	
Credit Standing	신용상태	
Financial Standing	재무상태	
Business Standing	영업상태	
Market Research	시장조사	
Trade Client	단골거래처	
Reputation	평판	
Credit Line	신용공여 한도	
Bank Opinion	은행소견	
Chamber of Commerce	상공회의소	
Directory	상공인 명부	
Competitor	경쟁상대	

은행에 관한 용어

Check	수표	
Exchange	환전	

Interest	이자	
Account Number	계좌번호	
Coin	경화(硬貨), 동전	
Bill	표(빌)	
Credit Card	신용카드	
Currency	통화	
Quotation	시세, 견적	
Foreign Exchange	외국환	
Foreign Exchange Rate	외국환율	
Foreign Exchange Market	외국환시장	
Remittance	송금	
Settlement	결제	
Advance Payment	선불	
Forward Exchange Contract	환예약(선물예약)	
Due Date	지불기일	
Credit Note	대변전표	
Debit Note	차변전표	

상품 · 견본에 관한 용어

Line	품목	
Products	제품	

English	Korean	
Merchandise	상품	
Sundries	잡화	
Piece Goods	옷감(피륙)	
Food	식품	
Textile	직물	
Electric Appliance	전자제품	
Fancy Goods	팬시제품	
Novelties	신제품	
Canned Goods	통조림제품	
Chinaware	도기(陶器)	
Semiconductor	반도체	
Personal Computer	컴퓨터(PC)	
Sample	견본	
Quality Sample	품질견본	
Original Sample	원견본	
Duplicate Sample	보조견본	
Counter Sample	반대견본	
Buyer's Sample	구매자 견본	
Seller's Sample	판매자 견본	
Advance Sample	선발견본	
Sample Order	견본주문	
Sample Discount	견본할인	

Shipped Sample	선적견본	
Sale by Sample	견본매매	
Free Sample	무상견본	
Color Sample	색상견본	
Actual Sample	실물견본	
Complete Sample	완성견본	

클레임에 관한 용어

Complaint	불평	
Compromise	화해	
Mediation	조정	
Arbitration	중재	
Arbitrator	중재인	
Survey Report	감정보고서	
Surveyor	감정인	
Insolvency	지불 불능	
Default	채무 불이행	

마켓에 관한 용어

Trade Friction	무역마찰	

Invisible Trade	무역외수지	
Trade visible	무역수지	
International Payment	국제수지	
Domestic Market	국내시장	
Overseas Market	해외시장	
Market Research	시장조사	
Market Information	시장정보	
Market Area	판매지역	
Market Condition	시황(市況)	

| 편역자 참고문헌 |

- 김성훈, 《무역창업가이드》, 도서출판 두남, 2002.
- 김병술, 《무역업의 창업과 경영》, 도서출판 두남, 1998.
- 박종수, 《수출입 실무 매뉴얼》, 도서출판 두남, 1998.
- 한국무역협회 무역아카데미, 《무역마케팅》, 2004.
- 한국무역협회 무역아카데미, 《무역계약》, 2004.
- 한국무역협회 무역아카데미, 《무역운송 · 보험》, 2004.
- 한국무역협회 무역아카데미, 《EDI 실무과정 교재》. 2004
- 김한수 · 박세운, 《무역실무용어사전》, 국제금융연구원, 1997.
- 藏和彌(본명 : 三倉 八市/미쿠라 야이치), 《よくわかる 貿易の實務》, 同文館, 2000.
- 岩崎一生, 《英文契約書》, 同文館, 1999.
- 한국무역협회 등 무역 관련 기관의 홈페이지.

중앙경제평론사 Joongang Economy Publishing Co.
중앙생활사 | 중앙에듀북스 Joongang Life Publishing Co./Joongang Edubooks Publishing Co.

중앙경제평론사는 오늘보다 나은 내일을 창조한다는 신념 아래 설립된 경제·경영서 전문 출판사로서
성공을 꿈꾸는 직장인, 경영인에게 전문지식과 자기계발의 지혜를 주는 책을 발간하고 있습니다.

그림으로 쉽게 배우는 **무역실무** (최신 개정판)

초판 1쇄 발행 | 2008년 5월 15일
초판 3쇄 발행 | 2010년 2월 10일
개정초판 1쇄 발행 | 2011년 1월 20일
개정초판 9쇄 발행 | 2019년 1월 3일

지은이 | 기무라 마사하루(木村雅晴)
편역자 | 권영구(YoungKu Kwon)
펴낸이 | 최점옥(JeomOg Choi)
펴낸곳 | 중앙경제평론사(Joongang Economy Publishing Co.)

대   표 | 김용주
편   집 | 한옥수·유라미
디자인 | 박근영
마케팅 | 김희석
인터넷 | 김회승

출력 | 현문자현   종이 | 한솔PNS   인쇄·제본 | 현문자현

잘못된 책은 구입한 서점에서 교환해드립니다.
가격은 표지 뒷면에 있습니다.

ISBN 978-89-6054-078-1(13320)

원서명 | 圖解で入門! よくわかる貿易の實務

등록 | 1991년 4월 10일 제2-1153호
주소 | ⓤ 04590 서울시 중구 다산로20길 5(신당4동 340-128) 중앙빌딩
전화 | (02)2253-4463(代)   팩스 | (02)2253-7988
홈페이지 | www.japub.co.kr   블로그 | http://blog.naver.com/japub
페이스북 | https://www.facebook.com/japub.co.kr   이메일 | japub@naver.com
♣ 중앙경제평론사는 중앙생활사·중앙에듀북스와 자매회사입니다.

이 책은 중앙경제평론사가 저작권자와의 계약에 따라 발행한 것이므로 본사의 서면 허락 없이는
어떠한 형태나 수단으로도 이 책의 내용을 이용하지 못합니다.
※ 이 책은 《무역실무 아는 만큼 수출입 쉽게 할 수 있다》를 독자들의 요구에 맞춰 새롭게 출간하였습니다.

※ 이 도서의 국립중앙도서관 출판시도서목록(CIP)은 서지정보유통지원시스템 홈페이지(http://seoji.nl.go.kr)와
국가자료공동목록시스템(http://www.nl.go.kr/kolisnet)에서 이용하실 수 있습니다.(CIP제어번호: CIP2008001365)

중앙경제평론사에서는 여러분의 소중한 원고를 기다리고 있습니다. 원고 투고는 이메일을 이용해주세요. 최선을
다해 독자들에게 사랑받는 양서로 만들어 드리겠습니다. **이메일** | japub@naver.com